论人类学与古典学的关系

〔美〕克莱德·克拉克洪 著
吴银玲 译

Anthropology and
the Classics

Clyde K. M. Kluckhohn

北京大学出版社
PEKING UNIVERSITY PRESS

图书在版编目(CIP)数据

论人类学与古典学的关系/(美)克莱德·克拉克洪(Kluckhohn, C.)著;吴银玲译. —北京:北京大学出版社,2013.6
(沙发图书馆·星经典)
ISBN 978-7-301-22459-5

Ⅰ.①论… Ⅱ.①克… ②吴… Ⅲ.①文化人类学-关系-学术思想-古希腊 Ⅳ.①C912.4 ②B502

中国版本图书馆 CIP 数据核字(2013)第 084367 号

书　　　名:	论人类学与古典学的关系
著作责任者:	〔美〕克莱德·克拉克洪 著　吴银玲 译
策划编辑:	王立刚
责任编辑:	王　莹
标准书号:	ISBN 978-7-301-22459-5/C·0900
出版发行:	北京大学出版社
地　　　址:	北京市海淀区成府路 205 号　100871
网　　　址:	http://www.pup.cn
新浪微博:	@北京大学出版社
电子信箱:	pkuwsz@163.com
电　　　话:	邮购部 62752015　发行部 62750672　编辑部 62755217 出版部 62754962
印　刷　者:	北京汇林印务有限公司
经　销　者:	新华书店
	965 毫米×1300 毫米　16 开本　7.75 印张　76 千字 2013 年 6 月第 1 版　2013 年 6 月第 1 次印刷
定　　　价:	20.00 元

未经许可,不得以任何方式复制或抄袭本书之部分或全部内容。
版权所有,侵权必究
举报电话:010-62752024　电子信箱:fd@pup.pku.edu.cn

目　录

总序/王铭铭 …………………………………… 1
译者前言 ……………………………………… 5
前言/罗宾逊（C. A. Robinson, JR.） ………… 13
I 　历史回顾 ………………………………… 1
II 　人的研究和以人为中心的文化 ………… 32
III 　希腊文化的简要语法 …………………… 54
现代参考文献 ………………………………… 86
索引 …………………………………………… 92

总　　序

　　古典人类学指近代学科发生以来(19世纪中叶)出现的最早论述类型。就特征而论,它大致相继表现为进化论与传播论,前者考察人文世界的总体历史,主张这一历史是"进化"的,文明是随时间的顺序由低级向高级递进的;后者叙述人文世界各局部的历史地理关系,视今日文化为古代文明之滥觞。

　　"古典时期",人类学家广搜民族学、考古学与古典学资料,心灵穿梭于古今之间,致力于解释改变人文世界"原始面目"的因由,他们组成了学识渊博、视野开阔、思想活跃的一代风骚。

　　古典人类学家抱持远大理想,对人文世界的整体与局部进行了历史与关系的大胆探索。

　　兴许由于理想过于远大,古典人类学家的探索有时不免流于想象,这就使后世学者有了机会,"以己之长攻其所短"。

　　20世纪初,几乎只相信直接观感的人类学类型出现于西学中,这一人类学类型强调学者个人的耳闻目见,引申实验科学的方法,将之运用于微型区域的"隔离状"的研究中。

　　这一学术类型被称为"现代派"。

　　现代派并非铁板一块。虽则现代派崇尚的民族志基本依据对所谓"原始社会"与"乡民社会"的"田野工作"而写,但学者在分析和书写过程中所用之概念,情愿或不情愿地因袭了欧洲上古史既已形成的观念,而这些观念,曾在古典人类学中被视作认识的"客体"得到过考察。另外,在现代派占支配地位的阶段,诸如法国社会学派的比较之作,及美国人类学派的历史之作,都更自觉地保留着浓厚的古典学派风范,刻意将观察与历史相结合。

然而,现代派的确使民族志方法流行起来,这使多数人类学叙述空前地注重小写的"人",使其制作之文本愈加接近"普通人生活"的复述。此阶段,"直接观察""第一手资料"的"民族志"渐渐疏远了本来富有神话、宇宙论与历史想象力的大写的"人"的世界。

现代派"淡然"远离人文世界渊源与关系领域研究。这一做派到1950年代至1980年代得到过反思。此间出现的新进化论派、新世界史学派及新文化论派,局部恢复了古典派的"名誉"。

可是不久,这个承前启后的学术"过渡阶段"迅即为一股"洪流"冲淡。后现代主义给人类学带来"话语""表征""实践""日常生活""权力"等等诱人的概念,这些概念原本针对现代派而来,并偶尔表现出对于此前那个"过渡阶段"之成果的肯定,然其"总体效果"却是对于现代派"大历史"进行否定的新变相(也因此,后现代主义迅即被众多"全球化"的宏大叙述替代,并非事出偶然)。

当下西学似乎处于这样一个年代——学术的进步举步维艰,而学者的"创造力自负"和"认识革命迷信"依然如故。

在中国学界，古典人类学也经历了"漫长的20世纪"。

进化论思想曾（直接或间接）冲击清末的社会思想，并于20世纪初经由"本土化"造就一种"新史学"，对中国民族的"自传"叙述产生深刻影响。接着，传播论在清末以来的文化寻根运动及1920年代以中央研究院历史语言研究所为中心的民族学研究中得到了运用。西学中出现现代派不久，1930年代，以燕京大学为中心，同样地随之出现了建立现代派的运动，这一运动之一大局部，视现代派民族志方法为"学术原则"，对古典派冷眼相看。与此同时，本青睐传播论的中国民族学派，也悄然将以跨文明关系研究为主体的传播论，改造为以华夏古史框架内各"民族"之由来及"夷夏"关系之民族史论述为主干的"民族学"。

"中国式"的社会科学"务实论"与历史民族学"根基论"，消化了古典人类学，使学术逐步适应国族建设的需要。

1950年代之后，古典人类学进化论的某一方面，经由苏联再度传入，但此时，它多半已从学理转变为教条。

而学科重建（1980年代）以来，中国学术再度进入一个"务实论"与"根基论"并重的阶段，一方面纠正1950年代出现的教条化误失，一方面复归20世纪上半期学术的旧貌。

学术的文化矛盾充斥于我们亲手营造的"新世界"——无论这是指世界的哪个方位。在这一"新世界"，搜寻古典人类学之旧著，若干"意外发现"浮现在我们眼前。

经典中众多观点时常浮现于国内外相关思想与学术之作，而它们在当下西学中若不是被武断地当作"反面教材"提及，便是被当作"死了的理论"处置,即使是在个别怀有"理解"旧作的心境的作者中,"理解"的表达,也极端"谨慎"。

而在今日中国之学界,学术风气在大抵靠近西学之同时,亦存在一个"额外现象"——虽诸多经典对前辈之"国学"与社会科学论著以至某些重要阶段的意识形态有过深刻影响,又时常被后世用来"装饰"学术论著的"门面",但其引据对原版语焉未详,中文版又告之阙如(我们常误以为中文世界缺乏的,乃是新近之西学论著,而就人类学而论,它真正缺乏的,竟是曾经深刻影响国人心灵的原典之译本)。

文明若无前世,焉有今生?学术若无前人,焉有来者?

借助古典派(以及传承古典派风范的部分现代派)重归人文世界的时空之旅,对于企求定位自身世界身份的任何社会——尤其是我们这个曾经有过自己的"天下"的社会——而言,意义不言而喻。

译述古典派论著,对于纠正"自以为是"的态度,对学术作真正的积累,造就一个真正的"中文学术世界",意义更加显然。

王铭铭
2012年9月29日

译者前言

相比于博厄斯的其他弟子，克莱德·克拉克洪在中国学界的知名度并不算高。而且，学者们在文章中提到他的时候，多数是涉及他给文化所下的定义以及所谓的"克拉克洪和斯托特柏克架构"。实际上，他于1960年在布朗大学为"查尔斯·K.考弗讲座"所做的主题演讲显示了其在人类学学科史以及古典学方面具有渊博的知识。在演讲中，哲学、文学、语言学以及人类学著作所涉及的内容，他都能信手拈来。当然，他不添加详细注释的洒脱，给翻译造成了极大的障碍。

克拉克洪的主题演讲分为三部分。他首先回顾了人类学与古典学的历史关系，然后探讨了对人的研究和以人为中心的文化，最后试图对希腊文化的特征做出界定。可以说，第一讲主要涉及人类学学科史上"摇椅人类学家"这一代人的研究；第二讲则主要谈及希腊人类学的问题，从哲学著作中分析希腊人的思想观念；第三讲围绕涉及希腊神话人物的戏剧、诗歌等材料来分析希腊文化所具有的特征。在第三讲中，他以"一元"与"多元"等九对二元对立的特征项为标准，通过列举材料来阐释他自己认为的希腊文化所具有的特征。

在名为《历史回顾》的第一讲中，他试图向听众解释古希腊研究与民族学以及社会人类学研究之间的相互影响。希罗多德、修昔底德等古希腊历史学家的著作激起了"摇椅人类学家"对所谓"野蛮人"的风俗等研究的兴趣,甚至希罗多德本身就被称为"人类学之父"。最早的人类学家即便不是修习古典学出身的,至少也是具有古典学研究背景的。克拉克洪提到了一长串在人类学学科史上被归类为古典学派的学者,比如:爱德华·泰勒、赫尔曼·乌西诺、埃尔文·罗德、简·哈里森等人,他们都关注灵魂崇拜问题;更不必说,人类学学科史上的传播论派和进化论派的学者威廉·里奇韦爵士、安德鲁·朗、弗雷泽;即使是法学家或历史学家出身的巴霍芬、摩尔根、亨利·梅因爵士、麦克伦南、库朗热等人,他们虽非专业的古典学者,也在人类学的方向上广泛利用古典文献材料。

克拉克洪将20世纪人类学与古典学研究的学者,分为两股潮流。其中一股潮流是对乌西诺、罗德以及巴霍芬的粗略延续,而另一股潮流接续的就是里奇韦、哈里森、朗以及弗雷泽等人的脉络。第一股潮流被他称为"旧式"人类学,而另一股潮流则是"新式"人类学。两股潮流相互交融、互相影响,也偶有断裂。赛克斯的《希腊人的人类学》(1914)以及布恩的《赫西俄德的世界》(1936)表明第一股潮流没有被打破,而所谓"新式"人类学则遭遇了断裂。在"新式"人类学里只有少数人短暂地在古典学领域做出过尝试,将研究视角安置在古希腊的古物资料之中,但克拉克洪认为实质性的研究是由考古学家以及体质人类学家完成的,比如休·亨肯的《印欧语言与考古》(1955)。不过,雷蒙德·弗斯、梅耶·福蒂斯以及列维-施特劳斯都曾分析过古希腊神话或宗教。而在希腊文化研究者这边，克拉克洪主要提到了芬利的《奥德修斯的世界》(1954)、诺曼·布朗的《小偷赫尔墨斯》(1947)以及多兹的《希腊人与非理性》(1951)。

但是，在克拉克洪展开讲座的20世纪60年代，他认为古典考古学与人类学的关系比较"古怪"，原因大概在于古典考古学仍然是纯粹的人文主义学科，而人类学只是部分具有人文主义性质。而且他说古典文献学处在传统人文主义的要塞里，以致现代人类学思想少有渗透进来。他总结说当代古典学接受了三个人类学观念，例如"古希腊比迄今为止大多数希腊文化研究者所知的还要'原始'得多"。在20世纪60年代，古典学和人类学这两个领域中流通的想法和材料逐渐变成一边倒，也就是说希腊文化研究者频繁地转向人类学，而不是相反。这有语言障碍的原因，也有"摇椅人类学"已经过时的原因，还有所谓偏爱与人文科学相对立的"科学"的原因。

第二讲中克拉克洪提出了"希腊人有真正的人类学吗？"的疑问。他认为，希腊文化是近代西方最早的以人为中心的文化。虽然一开始对希腊人是最初的人类学家这样的观点深表怀疑，但在经过数年研究之后，他完全信服当代人类学思想的世系能直接追溯至希腊思想。在随后罗列的希腊人类学"流水账"中，他从希腊人对民族或地方的知识以及他们对外国习俗的评论开始，继之以他们对有关人类兴趣问题的长久思考，并以希腊思想家们对当代理论的一些预示作结。于是，篇章中出现了亚里士多德、希波克拉底、德谟克利特、赫拉克利特、恩培多克勒、柏拉图等人的经典文本,这不仅体现了克拉克洪旁征博引的能力,同时也在不经意间为读者勾勒出希腊哲学史、文学史、思想史的脉络。克拉克洪指出,阿那克萨戈拉、阿基劳斯以及亚里士多德等人曾预示过生物进化的观念;"希波克拉底时代就已经出现了对动物王国的达尔文式的看法以及比较解剖学的知识,但在古典时期之后,直到文艺复兴时期才再一次出现这种看法和知识";第欧根尼也曾解释过人类的直立行走;伊壁鸠鲁等人还讨论了语言分化的问题;赫西俄德做出了文化阶段的划分;希罗多德已然把握了今日称之为"文化相对性原则"的东西……可以说,克拉克洪高度评价了希腊人类学——"希腊人类学的资料和想法吸引当代人类学家以及其他研究人与文化的学者来对之进行仔细地重新审视"。这也意味着他对开篇提出的"希腊人有真正的人类学吗?"这个问题做出了肯定回答。

第三讲,克拉克洪试图做出一些概括,他很谦虚地说自己的标题《希腊文化的简要语法》过于狂妄了,但他总结的九对关系虽然简要,却十分精彩地让人能够很快理解希腊文化的特征。他首先阐释了文化与价值观选择的关系,认为"一种价值观指向经验的选择性倾向,暗含着深切的承诺或者否认,影响了在实际行动中'可能选择'的次序"。在随后的行文中,他勾勒出希腊文化价值重点的轮廓并做出如下的总结:"(希腊文化)坚持存在主义的假设,即宇宙是确定的,而且是单一的;邪恶比良善更突出;相信个人具有自由的制度,而且在道德上是负有责任的;重视人类,将之与超自然相对立;个人对立于群体;自我相对于他者;当下对立于过去也对立于将来;重视不同语境下的纪律与满足。"这短短的几句话,已经为我们描述出希腊文化的特征。另外,他在这里提到的"个人"与"群体"等九对相互对立的标准项,与"克拉克洪和斯托特柏克架构"中的某些价值维度是相互契合的。

1961年出版的《论人类学与古典学的关系》距今半个世纪了。我们现今还能看出人类学纠缠于古典学的情形吗?或者古典学对于刺激人类学理论的发展是否还有助力呢?答案可能是不确定的,但这绝不意味着人类学与古典学渐行渐远的关系就是理所当然的。实际上,我们急需回到最初的起点。这本书对于今日中国人类学研究的借鉴意义或许不是直接的,因为中国文明有别于希腊文明,也没有任何关于中国上古研究的著作出现在克拉克洪的视野当中。但是,既然古希腊文化研究被称为西方的古典学,那么中国的《诗经》等原典研究也应该被称为中国的"古典学"。早在1919年,法国汉学社会学家葛兰言(Marcel Granet)曾以《诗经》《左传》《史记》等中国经典来勾勒上古中国人的思想、宗教生活。在今日中国学界,也出现了呼吁中国人类学走向世界的口号,那么能不能以我们的"古典学"研究与人类学研究相结合的方式来实现走向世界的目标呢?这并不是一句空洞的口号或者主张,而应该是实际的行动,也只有在实际的行动中才能发现其中包含的困难与艰辛。

人类学毕竟是源自西方的一门学科,而其强调田野研究的特征,提醒我们注意不能把所谓古典学的理论直接套用到现实当中。另一方面,刘小枫曾为勒内·基拉尔的《双重束缚:文学、摹仿及人类学文集》中译本写过很好的前言——《人类学的"欲望"与古典》,他在文中说自己所知的人类学除了研究原始无文字民族的事情,比如列维-施特劳斯,还有研究古典文明的韦尔南。刘小枫认为,韦尔南的古希腊宗教人类学与列维-施特劳斯的原初宗教人类学看起来就像是一把双刃利剑,将古典文明从西方传统身上切割下来。[1] 他也转述了基拉尔对人类学"田野就是一切"的不满,以致提出人类学要研究古典文学文本。而基拉尔本人则说得更为尖锐,他极力反对将是否进行田野调查看作专业人类学家与业余理论家的区分标准。为此,他不无嘲讽地说道:

> 专业人类学家对理论家特别是业余理论家通常是很严厉的。过去这50年中,专业和业余区别的标准是田野调查。这背后的逻辑是,你花在田野调查上的时间越多,你胡思乱想的时间越少,你越值得一听。很多人觉得有权力轻视我们时代最伟大的理论家,仅仅因为他们可以相互私语:"我知道他几乎没做什么田野调查。"没有人想要贬低田野调查的成就。而且由于这些调查不可能再被重复,它们的

---

[1] 刘小枫:《人类学的"欲望"与古典——〈双重束缚〉中译本前言》,212页,载王铭铭主编《中国人类学评论》(第17辑),北京:世纪图书出版公司,2010。

成就是越发的珍贵了。[1]

那么,在田野调查和理论研究之间,应该怎样进行综合,怎样做到二者的相互补充呢? 在这一问题上,我相信克拉克洪的这本小册子是值得一读的。人类学界关注古典学或者将两者结合起来展开研究的学者,虽然人数不多,但这样的传统从来就没有断过,这一点从克拉克洪的讲座中也能看出,所以不用过多强调这本书的意义。而对于这两个学科之外的读者来说,不妨翻翻这小册子,能够快速地了解到这两门学科的简史。

最后,简要介绍一下克拉克洪。克拉克洪于1905年1月15日出生在爱荷华州李曼斯镇(Le Mars),出生之时母亲就因难产而去世了,5岁时他被舅舅收养。在人类学界,克拉克洪以其对纳瓦霍人长期的民族志研究著称,正因为这项对异文化的研究,他终其一生都强调跨文化理解和交流。他特别关注人性、社会关系以及人类与自然的关系等文化面向,这些在以《论人类学与古典学的关系》(1961)为名出版的三个讲座中都有所体现。他曾是美国人类学会的主席,哈佛大学文化人类学和社会学教授。他发表了许多著作,其中有《纳瓦霍人的巫术》(1944),与多萝西·莱顿(Dorothea Leighton)合著的《纳瓦霍人》(1946)以及《人民的儿童》(1947),《人的照鉴》(1949);1951年他出版了《美国文化与军事生活》;1952年,他与克鲁伯一起出版了《文化:概念和定义批判分析》(1952),他们在这本书中罗列了从

---

[1] 〔法〕勒内·基拉尔:《双重束缚:文学、摹仿及人类学文集》,刘舒、陈明珠译,10页,北京:华夏出版社,2006。

1871年到1951年的80年间关于文化的164种定义;另外,他还与亨利·穆瑞(Henry Murrary)合编了《自然,社会以及文化中的个性》(1948)一书。1960年7月29日(一说是28日),克拉克洪在圣非因心脏病发去世。

关于翻译,我得再说几句。书中出现了大量古希腊哲学家以及希腊神话和悲剧中的人物名称。对这些人名的翻译,我多数参考了罗念生先生的译法。对于可以查找得到的学者,为了便于读者理解和阅读,我在译文中以脚注的形式添加了他们的生卒年月以及著作等基本信息。原文没有任何脚注,所有的脚注都是我添加的。对于克拉克洪的引文,如果已有相应的中文译本,我多有所参考,但还是以克拉克洪的英文版本为准进行翻译。另外,我要在此感谢丛书主编王铭铭教授及北京大学出版社的王立刚编辑和王莹编辑。因为时间与水平所限,译文中出现错误在所难免,希望读者加以指正。

吴银玲

北京大学畅春新园

2012年4月1日

前　言

克莱德·克拉克洪，哈佛大学人类学教授，皮博迪（Peabody）博物馆西南美洲民族学馆馆长。他于1960年7月29日在新墨西哥州的圣非（Sante Fe）去世，年仅55岁。

同年4月，克拉克洪教授在布朗大学为"查尔斯·K.考弗讲座"（Charles K. Colver Lectures）做主题演讲。按照惯例，这个讲座分为三场，为期数天。在逗留我校期间，他个人的魅力和智慧、他驾驭自如的渊博知识，让所有人都为之倾倒。同时，对他曾经的学生、现在的布朗大学教员来说，也该是时候高兴地回忆起克拉克洪教授了。他们不仅能回想起自己在专业上欠他的人情债，而且也能回忆起多年来他带着特有的个性为大家不辞辛劳所做的无数小事。

克拉克洪教授的讲座给听众留下了深刻印象，因为，这里的他显然是一个对古希腊有着深刻理解的人，而且或许正如他的毕生经历所见证的那样，就另一种文明的人类学背景为题开展讲座对他来说并非难事。

罗宾逊（C. A. Robinson, JR.）

I
历 史 回 顾[1]

　　我在决定致力于此事而吃了苦头之后才意识到,对人类学以及古典文明研究之间的总体关系进行分析是一项过于庞大的事业。对此,应该立即作出一些强制性的限制。我将专门处理希腊材料;并仅间或涉及人类学三大分支,即体质人类学、考古学以及语言学的著作。即便如此,对这些著作我还必须精挑细选,而非包罗万象。我只是希望听众们记住,意识到必须忽略的东西很多,这让我感到苦恼。

　　因而,我将古希腊研究与民族学以及社会人类学研究之间

---
[1] 本文所有脚注均为译者所加,另外为了方便阅读,译者将原文斜体部分用楷体标示出来,特此说明。

的相互影响作为集中关注的主题。古典学曾以何种方式刺激了人类学的调查研究呢？反之，古典学者又从人类学这里借鉴了什么概念和假设呢？当代人类学怎样才能充分利用希腊资料宝库呢？这些将是我这里要探究的核心问题。

声名显赫的美国人类学家中，其实颇有谙熟希腊文和拉丁文典籍者。检视这一事实对人类学造成了何种后果，固然是一件诱人的任务，不过我们最好还是不要贸然承担。我的老师，同时也是以前的同事虎藤[2]，获得的便是古典学博士学位，而且他早期的一些出版物就是关于古典艺术和考古学方面的。博厄斯[3]在继续攻读物理学博士学位之前曾上过文科中学，而且我们知道，他对希罗多德[4]、修昔底德[5]、恺撒[6]以及其他人的研究激发了他对风俗习惯的研究兴趣。在《文化发展的构型》(*Configurations of Culture Growth*, 1944) 一书、有关《历史上的欧克美那》(*The Historical Oikumene*, 1946) 的论文以及其他地方，

---

[2] 虎藤(E. A. Hooton, 1887—1954)，又译胡顿、胡敦、胡藤等。他是美国体质人类学家，长期在哈佛大学任教，任皮博迪考古学与民族学博物馆馆长。中国著名考古学家李济曾师从虎藤。

[3] 博厄斯(Franz Boas, 1858—1942)，又译波雅士，美国人类学之父。他是富于创见而且著作宏富的学者，对体质人类学、描述与理论语言学、美洲印第安人种学以及民俗和艺术研究，都有巨大贡献。他倡导的博厄斯学派以历史具体主义以及文化相对论著称。

[4] 希罗多德(Herodotus, 约公元前484年—公元前425年)，古希腊历史学家，被西方尊为"史学之父"。

[5] 修昔底德(Thucydides, 约公元前460或455年—公元前400或395年)，古希腊历史学家，以《伯罗奔尼撒战争史》著称。

[6] 恺撒大帝(Caesar, 公元前102年—公元前44年)，罗马共和国末期杰出的军事统帅、政治家。

克鲁伯[7]谈及希腊文文献、哲学和艺术时都娓娓道来,你总能看到一些表明他具有古典学背景的证据。然而,他们中任何一个人主要关注的都并非希腊文化,所以我必须将他们连同那些偶尔或者顺便提及人类学事实或者人类学理论的古典学者们一起放在一边。同样,我也必须忽略那些已经为我们提供了有关一个或多个时期古典文化的优秀民族志的希腊文化研究者:布列根[8]、弗朗西斯·康福德[9]、亚瑟·伊文思[10]、沃德·福勒[11]、雅尔德[12]、杰文斯[13]、加德纳[14]、古利克[15]、罗宾逊[16]以及其他人。这些人的研究,比如西摩[17]对荷马时代的研究,都是优秀的民族志。我探求的是两股研究和思想出现重大会合的一些例子,而且在这些例子中,这两股"潮流"的汇聚让两个学科随后的历史以及目前的情况有所不同。

我应该开始进行历史回顾了。众所周知,许多人类学先驱同时也是古典学者,或者具有古典学研究的背景。同样,在19

---

[7] 克鲁伯(A. L. Kroeber,1876—1960),又译克虏伯,博厄斯的学生,美国著名人类学家。
[8] 卡尔·布列根(Carl Blegen,1887—1971),美国考古学家,以其对皮洛斯和特洛伊的现场挖掘著称,美国辛辛那提大学校园内有布列根图书馆。
[9] 弗朗西斯·康福德(Francis Cornford,1874—1943),英国古典学者和诗人。
[10] 亚瑟·伊文思(Arthur Evans,1851—1941),英国著名历史考古学家。
[11] 沃德·福勒(Warde Fowler,1847—1921),英国罗马宗教史学家。
[12] 奥古斯都·雅尔德(Auguste Jardé,1876—1927),法国考古学家,著有《希腊人的形成》等书。
[13] 杰文斯(F. B. Jevons,1858—1936),比较宗教学家。
[14] 加德纳(Gardner),未详。
[15] 古利克(Gulick),未详。
[16] 罗宾逊(David Moore Robinson,1880—1958),美国古典考古学家、历史学家。
[17] 西摩(Seymour),未详。

世纪晚期20世纪早期,的确有许多研究古希腊的主流学者受到源于处在发展中的人类学学科的观念的深刻影响。

此时以历史的视角为基调指出,在世界主流人类学家当中,希罗多德已被承认为第一个人类学家,这也许是恰当的。他是试图仔细记录除本民族之外的民族之风俗习惯的第一人,而且他的兴趣以及评论与许多当代人类学家可能会采取的做法并不冲突。

在德国,所谓的"文献民族学家"(philological ethnologists),如乌西诺[18]和罗德[19],受泰勒[20]的万物有灵论启发而从事研究。赫尔曼·乌西诺出版了一本关于神及其起源与演化的人类学与心理学分类研究(1904)。一种类型的神被坚持用来表示令人恐惧的单个现象,例如闪电。其他类型的神则象征着另一类现象,比如打雷。乌西诺坚称:因为语言的变动使得神的名称不再简单易懂时,后一种类型的神会逐渐演变为人格神(a personal god)。而埃尔文·罗德关注的则是希腊人的灵魂崇拜以及他们对不朽的信仰。他强调,在理解希腊宗教时原始宗教和民俗是十分重要的。他将信仰不朽的源头追溯至迷狂崇拜(the ecstatic cults)。而且,他在希腊文化中推断出的萨满教元

---

[18] 赫尔曼·乌西诺(Hermann Usener,1834—1905),又译乌塞纳、乌斯纳、乌瑟纳尔,德国神话学与哲学家,在古典文献以及宗教学上做出了重大贡献。
[19] 埃尔文·罗德(Erwin Rohde,1845—1898),德国古典学者。他是尼采的好友,曾在德国基尔大学、海德堡大学任教。
[20] 爱德华·泰勒(E. B. Tylor,1832—1917),英国著名人类学家,著有《原始文化》《人类学》等名著,提出过万物有灵论。

素——正是牛津大学希腊语钦定讲座教授(多兹[21])最近刚刚恢复并发展的主题。

在这种"文献民族学家"的影响下,简·哈里森[22]研究希腊民间宗教时极为关注鬼魂以及阴间灵魂崇拜问题。她的晚期著作《忒弥斯:希腊宗教的社会起源研究》(*Themis: a Study of the Social Origins of Greek Religion*,1912)从涂尔干[23]及其学派那里获得的启发颇多。她试图从成年礼开始分析某些希腊仪式活动并将神灵追溯为社会的"投影"(projections)。在其最后一本书中,她同时以人类学以及心理分析的方法探讨"投影"。

威廉·里奇韦爵士[24]坚持人类学的视角,这在他那个时代的古典学者中间极为罕见。他们通常坚决地将希腊文化视为一座宏伟壮丽的孤岛,认为希腊文化与克里特岛、埃及以及近东的高度文明只可能有些许联系。里奇韦的观点与之相对,他并不轻视来自野蛮人的证据。他颇为有效地嘲弄了缪勒[25]的追随者们,缪勒试图用隐喻地谈论天气的习惯来解释一切神话和许多仪式。里奇韦爵士认为人类几乎普遍信仰灵魂不朽,这种信

---

[21] 多兹(E. R. Dodds,1893—1973),又译道滋、朵德斯等,英国牛津大学皇家讲座教授,著有《希腊人与非理性》。

[22] 简·哈里森(Jane Harrison,1850—1928),剑桥学派"神话—仪式"学说的创立者,她是英国维多利亚时代的文坛女杰。

[23] 涂尔干(Emile Durkheim,1858—1917),又译迪尔凯姆、杜尔克姆,法国著名社会学家,社会学的三大学科奠基人之一。

[24] 威廉·里奇韦爵士(Sir William Ridgeway,1853—1926),英国考古学家。

[25] 缪勒(Friedrich Max Müller,1823—1900),又译麦克斯·穆勒,德裔英国著名语言学家、东方学家、神话学家以及宗教学家。本书英文版将"Müller"错拼为"Muller",特此指出。

仰是最初级的。图腾理论便以这个假设为前提。人首先是向他的祖先而非抽象的精灵祷告。希腊悲剧便是源于向死者致敬的戏剧舞蹈。

这四个人,其中两个是德国人,还有两个是英国人,或许可以作为较早时期涉及人类学问题并运用人类学观念的古典学者的典型。

泰勒,作为英国大学中首位人类学教授以及英国人类学界40年来公认的领军人物,在他自己的作品中仅将古典文献资料的使用当作比较方法的一个方面。不管怎样,他的兴趣通过多种方式得到了证实。1888年,他发表了一系列讲座,主题是关于"希腊文和拉丁文著作篇章的人类学解释"。在这一系列讲座之后继续的相关课程为:与古代史以及现代史相关的人类学、高等民族的人类学、古典文献中的人类学、古代史中的人类学,以及其他类似的题目。1907年他献给泰勒的《纪念文集》(*Festschrift*)就包括了以希腊和拉丁资料为基础写成的四篇论文。在我上文述及的系列讲座中追随泰勒的两人——迈尔斯[26]和马雷特[27]——从古典学转向了人类学。但是,在深受泰勒及其著作影响而从古典研究转向创立作为一门职业的人类学的人当中,最著名的两位在此之前就做出了改变:安德鲁·朗[28]以及

---

[26] 约翰·迈尔斯(John Nowell Linton Myres,1869—1954),英国考古学家、历史学家。

[27] 马雷特(Robert Ranvlph Marett,1866—1945),英国人类学家,著有《心理学与民俗学》。

[28] 安德鲁·朗(Andrew Lang,1844—1912),又译朗格、兰等,英国著名文学家、诗人、民俗学家、历史学家。

弗雷泽[29]。

首先,朗探究古典源头的关键。他的基本假设是以进化论的观点为依托的,他认为所有的文明都代表着"演化的野蛮"(evolved savagery)。他与视神话为"语言的疾病"的马克斯·缪勒以及其他人展开争论。作为人类学家,他将希腊文化视为一个更大现象的具体显现,后者虽处于文化增长的顶点,却仍然只是一般意义上文化增长的一个阶段。他的许多调查研究的具体结果也带有他那个时代人类学的味道。作为泰勒的追随者,朗独创性地在其《宗教的产生》(The Making of Religion,1898)一书中一扫宗教进化的泛灵论思想。他认为在极端原始的民族中充斥着各种"高等神"。具有伦理特征的一神论并非发端于任何形式的万物有灵论信仰。朗的这些非主流观点,让他在其他英国人类学家那里多受冷遇,甚至他后来对外婚制及图腾制度的诸多研究也鲜有人问津。终其一生,朗既是希腊文化研究者,也是一位人类学家。

然而,弗雷泽最终将全部精力奉献给人类学,不过这确实是人文主义的人类学。他最早的主要研究是关于波萨尼亚斯[30]的。此后,他开始探究全人类普遍的仪式与信仰。弗雷泽有关图腾制度与外婚制、《旧约》中的民俗的著作以及长达12卷的名著《金枝》,构成了一个井然有序而又穿透时空的信息宝库,

---

[29] 弗雷泽(James George Frazer,1854—1941),英国人类学家、民族学家、宗教史学家。著有《金枝》《〈旧约〉中的民俗》等名著。
[30] 波萨尼亚斯(Pausanias,143—176),希腊史地理学家,旅行家,著有《希腊志》。

这些信息的主题包括了巫术、禁忌、生殖崇拜、垂死的神明、不朽的观念、牺牲、替罪羊，等等，诸如此类。由于弗洛伊德[31]的大胆筹划席卷了潜意识和非理性领域，于是弗雷泽给我们绘制了有关人类行为非理性领域的新鲜且富于想象力的图表——习俗。

弗雷泽的研究极具影响力，影响力的范围远远超出了对比较宗教和人类学具有专门兴趣的一小圈人。他的文风华美壮丽、言辞妙语如珠，不仅吸引了专业学者、文人，甚至吸引了外行的注意。他对人类思维中的循环规律所做的阐释，受到哲学家、心理学家、精神病学家、社会学家以及大人物们的关注。毫无疑问，比起其他人类学家的作品，弗雷泽的著作更被广泛阅读，而且对其他杰出人物产生巨大的影响；弗洛伊德、艾略特[32]以及乔伊斯[33]就是一些显著的例子。

但在人类学职业阵营中，出现了不可避免的反应。弗雷泽逐渐被轻视为一个编辑者，而且是一个并非总是仔细检查他的材料的编辑者。他坚守着无根据的唯理主义心理学。他没有继续跟进人类学理论的进展。你会发现这些以及其他更详细的批评。然而，如果现如今将《金枝》作为一处古物矿产丰富的矿脉，对其挖掘开采以满足令人愉悦的好奇心，这种做法恐怕是个

---

[31] 弗洛伊德(Sigmund Freud，1856—1939)，奥地利精神病医生及精神分析学家。他是精神分析学派的创始人。
[32] 艾略特(T. S. Eliot，1888—1965)，美裔英籍诗人、剧作家和文学评论家，著有《荒原》。
[33] 乔伊斯(James Joyce，1882—1941)，爱尔兰小说家，著有《都柏林人》(1914)和自传体小说《青年艺术家的肖像》(1916)。

错误。尽管他的许多理论已经过时了,但是还有一些理论是当今人类学只能勉强与他并驾齐驱的。弗雷泽所坚守的观点,即人类普同性与文化变异性其实一样都是事实,在这里体现得尤为明显。本世纪[34]大部分时间里,人类学家都强调差异的全体性。他们指明了每一种归纳结论的例外情况。而至于可能的"最大公约数"或"最小公分母",他们几乎不进行实证研究。最近人类学所声称的事实被广泛承认,只有这样,"普遍人性"这一短语才具有真实的意义以及重要性。诚然,大部分相似点很笼统、很普遍,全都很容易被习俗的外部装饰所掩盖。然而,文化是多种多样的;而人类则是唯一的。弗雷泽十分清楚地看到了这一点:

> 一方面,无论何时何地人的主要需求基本上都是相似的,而另一方面,不同时代的人采取满足生活需求的方式又差异极大[35]。(Frazer, 1959, p. 648)

我应该将注意力放回到弗雷泽及其追随者们身上,这些追随者们包括希腊文化研究者以及人类学家在内,但首先回顾一下19世纪研究的另一个重要主题:社会组织(social organization)。弗雷泽以及他的前辈主要关注宽泛的民俗与宗教问题。很大程度上对社会结构的兴趣是由五位法学家以及历史学家引入的,他们并非专业的古典学者,却在人类学的方向上广泛利用

---

[34] 指19世纪。
[35] 原文引自弗雷泽的《金枝》中《告别内米》章节。

古典文献材料。

在巴霍芬[36]关于母权的论著(1861)中,他从希罗多德将利西亚人说成是母系的这一说法出发,重建了一个完整的母权社会制度。他坚称,在古典古代时期母权社会先于父权社会而产生。女性统治着家户,这种状态源于事实上她们是丰产女神在这个世界的代表。一种社会组织的形式、一种宗教的形式以及一种生计的类型(农业),被紧密地联系在一起。作为一个进化论者,巴霍芬提出了这样一种普遍阶段的进化序列:原初为杂交阶段(promiscuity),随后女性的反叛导致了母权的出现;随之而被"更高级"的母权制(matriarchy)阶段所取代。巴霍芬在比较无文字社会时采用的案例主要依赖古典文献材料。整本书充满了相关的古典神话,而且行文中遍布希腊文以及拉丁文引语。

美国人摩尔根[37]从律师转变为人类学家,在社会结构研究以及一般而言的真正人类学历史上具有重要地位。他在《古代社会》(1877)中花大量笔墨比较了希腊、罗马以及印第安部落易洛魁人的社会制度。在《人类家庭的血亲和姻亲制度》(*Systems of Consanguinity and Affinity*,1870)中,他探讨了希腊和罗马的亲属制度。

我一定得提起亨利·梅因爵士[38],尽管他的材料几乎全部

---

[36] 巴霍芬(J. J. Bachofen,1815—1887),瑞士人类学家和法学家,著有《母权论》。
[37] 摩尔根(Lewis H. Morgan,1818—1881),美国民族学家、原始社会史学家,以对易洛魁人的研究著称,著有《古代社会》。
[38] 梅因(Sir Henry Maine,1822—1888),19世纪英国著名的法律史学家,历史法学派在英国的代表人物,晚期历史法学派的集大成者。因其著作《古代法》而被西方学者公认为英国历史法学的创始人。

来自罗马。然而,在《古代法》(1861)中已经出现了现代人类学方法的某些萌芽。此外,梅因甚至在摩尔根之前就指出了亲族组织、部落组织以及领地组织或称政治组织之间的区别。与巴霍芬、摩尔根以及其他人相比,梅因认为父权家庭是原始社会组织的基本单位。

麦克伦南[39]将斯巴达人的婚礼仪式看作是一种具有象征性的行为,这种象征行为是先前实际关系的遗存,在这种情况下婚礼是以抢婚的形式完成的。他论述了诸如夫兄弟婚制(levirate)以及一妻多夫制(polyandry)等多种形式的社会制度。社会人类学的词典永久地收纳了他的"族内婚"和"族外婚"术语。

库朗热[40]在《古代城邦》(*La Cité Anitque*,1864)一书中,强调了古典时期与晚近时期法理学形态之间的区别。他研究名称、私有财产以及希腊文化的其他特征的方式影响了摩尔根,尤其影响到后者氏族概念的形成。同样,库朗热还影响了人类学理论的产生,比如"功能主义"理论。他坚决主张应该在广泛的范围内考虑所有的制度:例如,法律一旦脱离了宗教,就无法被人理解。

对法律和社会制度的研究兴趣以及对宗教和民俗的研究兴趣汇聚成一个共同的思想基础,即进化论的基础。巴霍芬、库朗

---

[39] 麦克伦南(John McLennan,1827—1881),苏格兰法学家和原始社会史家。麦克伦南的主要贡献是指出了外婚制到处流行及其重大意义,并认定母权制的世系制度是最初的制度。

[40] 库朗热(Fustel de Coulanges,1830—1889),又译古郎治、古朗士,法国历史学家,著有《古代城邦》。

热、哈里森以及其他人偶尔采取了新近[41]人类学称作"功能主义"的立场。也就是说,他们对社会如何运作以及文化模式的相互关系问题感兴趣。但是他们往往持续关注起源、遗存和阶段。

尽管标签只是些带有侮辱性的文字,但我们仍然需要它们。在本世纪[42]进行人类学或者古典学研究的人,应该正确地区分两股"潮流"。第一股潮流呈现为对乌西诺、罗德以及巴霍芬的粗略延续;而来自里奇韦、哈里森、朗、弗雷泽以及剩下的其他人的脉络则一直延续到今天。赛克斯[43]那令人愉快而又内容翔实的小书《希腊人的人类学》(The Anthropology of the Greeks,1914)就属于第一股潮流。布恩[44]的《赫西俄德的世界》(The World of Hesiod,1936)也是如此,尽管布恩借鉴了一些非进化论人类学家的观点,甚至对两位精神分析学家(弗洛伊德以及琼斯[45])的观点也有所借鉴。当然,这股潮流中存在修改、放大、保留以及限定。但是也存在没有被打破的延续。因人类学的"新面貌"而产生的第二股潮流象征了相当尖锐的一种断裂。必须注意,这种划分并没有严格地按照时间顺序进行。里奇韦和哈里森幸福地活到了20世纪。弗雷泽直到1941年才过世,

---

[41] 这里的"新近"指20世纪60年代。
[42] 这里的"本世纪"指20世纪,下同。
[43] 赛克斯(Edward Ernest Sikes,1867—1940),古典学者。
[44] 安德鲁·布恩(Andrew Robert Burn,1902—1991),英国著名历史学家、古典学家。
[45] 厄内斯特·琼斯(Ernest Jones,1879—1958),英国心理学家,是弗洛伊德的学生。

而吉尔伯特·穆瑞[46]活得更长久。但是这些人以及其他人的思维模式都带有19世纪不可磨灭的支配性印记。

尤其是在英国,持续存在着许多古典人类学式的古典学者,比如《谁是希腊人?》(*Who Are the Greeks*,1930)一书的作者约翰·迈尔斯爵士,以及关注古典学的人类学家,例如道金斯[47]。为了进行简短评论,我将选取来自英语世界的这些人物作为例子。这就略过了包括格洛兹[48]在内的重要的大陆学者。格洛兹出版的著作内容广博,涉及希腊法律、希腊家族、神话、神断法以及人类学关注的其他主题。但是格洛兹延续了库朗热的研究,而且他的研究方法是历史学以及社会学的,而非人类学的。某些德语出版物也能支持类似的评论。在20世纪,我相信自己想要探究到底的相互交叉的主流实际上存在于英语世界中。

或许我应该从自己的两位老师吉尔伯特·穆瑞以及马雷特说起。这两个人都应该被视为弗雷泽爵士的门生。穆瑞希望就数据或者具体的解释与弗雷泽展开辩论,但基本上他依赖弗雷泽的概念框架——例如,在《希腊宗教的五个阶段》(*Five Stages of Greek Religion*,1925)中他使用了后者的概念框架。相较于穆瑞,由古典学者转变为人类学家的马雷特则走得更远。他同时赞赏弗雷泽与泰勒(马雷特是泰勒在牛津大学人类学课程的学

---

[46] 吉尔伯特·穆瑞(Gilbert Murray,1866—1957),又译莫里、穆雷等,英国古典学家,著有《古希腊文学史》。

[47] 道金斯(Richard MacGillivray Dawkins,1871—1955),英国考古学家。

[48] 格洛兹(Gustave Glotz,1862—1935),法国巴黎大学的希腊史教授,法兰西学院的古史专家,是库朗热的学生。

术继承人），但他拒绝接受他们的唯理智论。他强调群体行为与信用的非理性决定因素。与法国学派一样，他认为宗教满足了维持团结以及在危机中恢复信心的功能，不过，比法国人更甚的是，他意识到宗教现象的复杂性。他的观点还带有一些进化论色彩，但是他坚持认为我们必须追问：遗存是*怎样*出现的，*为何*会出现？马雷特的同辈罗斯[49]同样指出了宗教现象的复杂性，并且驳斥了参照"原始"来解释历史上一切事物的企图。这一结论过于轻率，以至于*所有的*巫术和宗教都以向灵魂祈祷（invocation of spirits）为起点。从其正式头衔来看，罗斯是希腊语教授。但从他的大部分研究来看，他却是人类学家或者民俗学家。罗斯直言不讳地宣称通过"将对他们来说似乎最简单的放在第一位，并依此类推的简单过程……"[50]，你还是不能得出一个有效的关于"阶段"的时间顺序。他还说道：

> 在形式上，有时候还假设一两代人之前，进化论就像其他事物一样理所当然得消逝了。这个观点是混杂的谬论乱象所产生的鄙陋结果。（p.4）

另一方面，罗斯坚持比较法以及弗雷泽式的假设——全世界的人都大同小异。

马雷特和罗斯看起来是主要沿着弗雷泽的方向进行研究的最后的人类学家。但是在古典学家当中，有人可以指出：过去

---

[49] 赫伯特·詹宁斯·罗斯（Herbert Jennings Rose,1883—1961），英国科学院院士，圣安德鲁大学希腊语教授。
[50] 引自《关于相似之处》（Concerning parallels, The Frazer lecture,1934, p.5）。

15 年间出版的著作基本上仍然沿袭着弗雷泽的视角。我将举个来自大西洋两岸的例子说明这一点。在里斯·卡彭特[51]关于荷马史诗的书中(1946),他采用了类似于弗雷泽式的比较法,而且事实上,马克斯·缪勒对他也有些吸引力。奥尼恩斯[52]在其巨著《欧洲思想的起源》(*The Origins of European Thought*,1951;1954 年第 2 版)中引用了新的考古学研究,他处理材料的仔细程度远远超越了弗雷泽。尽管如此,在社会人类学方面他最近敬奉的权威还是弗雷泽,而且他的文章风格类似于弗雷泽的风格。

在当前的法律与社会制度方面,研究也有所延续。乔治·汤姆森[53]在《埃斯库罗斯与雅典》(*Aeschylus and Athens*,1941)以及《古希腊社会研究》(*Studies in Ancient Greek Society*,1949)两本著作中已经意识到了诸如克鲁伯、罗维[54]、弗斯[55]、马林诺夫斯基[56]以及拉德克里夫-布朗[57]等许多"现代人"。

---

[51] 里斯·卡彭特(Rhys Carpenter,1889—1980),古典艺术史学家。
[52] 奥尼恩斯(R. B. Onians,1899—1986),古典学者。
[53] 乔治·汤姆森(George Derwent Thomson,1903—1987),英国马克思主义哲学家,希腊语以及爱尔兰学者。
[54] 罗维(Robert H. Lowie,1883—1957),又译路威,美国人类学家,著有《文明与野蛮》《乌鸦印第安人》。
[55] 弗斯(Raymond Firth,1901—2002),英国著名人类学家,著有《人文类型》。
[56] 马林诺夫斯基(Bronislaw Kaspar Malinowski,1884—1942),英国社会人类学家,功能主义学派创始人之一,著有《西太平洋的航海者》。
[57] 拉德克里夫-布朗(Radcliffe-Brown,1881—1965),英国人类学家,结构功能主义学派的创始人。

但是汤姆森拒绝接受他们的观点,转而支持基于摩尔根和恩格斯[58]的教条而形成的马克思主义人类学。他花费数章论述图腾制度、母权制度以及"共产主义制度"。他认为希腊戏剧起源于社会以及经济的压力。他对图腾制度以及母系继嗣的讨论让人同时回想起摩尔根和弗雷泽。阿兰·利特尔[59]的《雅典戏剧中的神话与社会》(*Myth and Society in Attic Drama*,1942)一书中也出现了某些同样的观念,尽管这些观念以更有所限制以及更加缜密的形式出现。

然而,我近似地将利特尔的书看作是希腊文化研究者所利用的"旧式"人类学以及"新式"人类学之间的分水岭。一方面,他将摩尔根的人类学视为值得信赖的人类学,并且他继续对图腾制度、希腊的母系继嗣向父系继嗣的转化以及普遍的源头感兴趣;另一方面,利特尔诠释希腊神话时高度依赖马林诺夫斯基的观点,既求助于19世纪对社会功能的解释又求助于"现代"的解释。

"旧式"人类学以及"新式"人类学之间的本质区别是什么呢?为了相关的这些目的,我认为应该在这里列举以下事项:

1. 对过于简单化的(simpliste)进化方案的极端怀疑论以及附带地在起源上已经减少了的兴趣。
2. 前提是文化既有组织也有内容,而且每一种文化的

---

[58] 弗里德里希·冯·恩格斯(Friedrich Von Engels,1820—1895),德国思想家、哲学家、革命家,马克思主义的创始人之一。
[59] 阿兰·利特尔(Alan MacNaughton Gordon Little,1901—   ),曾为霍巴特学院的希腊文教授。

特殊性都在于模式上的可选择性。

3. 将每种文化聚集为模式的网络同时增加却又限制了人类的潜力。

4. 强调文化的非理性方面;每一种文化都成了自由利用理性的障碍。

5. 通过合并大量的心理学理论,尤其是弗洛伊德的心理学理论来扩展人类学理论。

现在转向"新式"人类学的运用,转向古希腊的古物资料。在这些方面要选出一些人类学家,几乎没有太多余地。遗憾地是,只有少数人短暂地在古典学领域做出过尝试。在过去的一代人中,实质性的研究是由考古学家以及体质人类学家完成的,前者比如我的同事休·亨肯[60](《印欧语言与考古》,*Indo-European Languages and Archaeology*,1955),后者比如安吉尔[61]。亨肯和安吉尔懂得希腊语,而在社会人类学以及民族学领域,他们的同辈则少有人懂。尽管这微不足道,不过还是存在一些有益的贡献。

雷蒙德·弗斯(1958,pp. 7—10)指出对希腊"以亲属关系为基础"的社会的研究缺乏系统。他认为《奥瑞斯特斯三部曲》(the *Oresteia*)的情节以象征与宗教的方式证实了父系制(patrilineality)社会原则的存在。在进一步讨论为统治而制定的仪式

---

[60] 休·亨肯(Hugh Hencken,1902—1981),美国考古学家。
[61] 安吉尔(John Lawrence Angle,1915—1986),英裔美国体质人类学家,曾师从克拉克洪。

以及社会制裁时,他提请读者关注荷马时代的社会中复杂的义务网络,并请读者注意模式化礼物交换的重要性。荷马时代的文化与波利尼西亚文化以及其他无文字社会的文化之间存在的相似性给弗斯留下了深刻印象。他认为,希腊文化研究的真正价值与其说是理解我们自身的起源,不如说是为当代西方文化提供一组对照。

梅耶·福蒂斯[62]在其引人入胜的小书《西非宗教中的俄狄浦斯与约伯》(*Oedipus and Job in West African Religion*, 1959)中将俄狄浦斯[63]的故事以及奥瑞斯特斯[64]的故事作为背景展开比较研究。但与弗雷泽只基于故事的表面特征进行比较不同,福蒂斯的比较是分析入理的。在奥瑞斯特斯的故事中,最重要的情节是他谋杀了一位女性亲属,也就是他的母亲,而他则通过咬掉一根手指弄伤自己来赎罪。对弗雷泽来说,关键点在于这证明了一种特别的野蛮迷信,即对鬼魂的恐惧充当着抑制手段,约束了那些想要成为杀人犯的人。而对福蒂斯来说,核心问题则是观念上的:我们是否能从奥瑞斯特斯以及其他类似的故事中得出显然有关失去理性的伤残的普遍原则、模式或者范例呢?这些伤残是在上下两代人之间公开的或隐藏的冲突情况下发生的。

同样,列维-施特劳斯[65]在分析俄狄浦斯神话(1955)时,也

---

[62] 梅耶·福蒂斯(Meyer Fortes, 1906—1983),生于南非,英国社会人类学家。
[63] 俄狄浦斯(Oedipus),希腊神话中的悲剧人物,他在不知情的情况下杀死了自己的父亲并娶了自己的母亲。
[64] 奥瑞斯特斯(Oreste),又译俄瑞斯忒斯,希腊神话人物,阿伽门农的儿子。
[65] 列维-施特劳斯(Lévi-Strauss, 1908—2009),法国著名神话学家、人类学家,结构主义人类学派的创始人。

试图在那些描述的内容中,至少找出他认为含蓄中的共同要素或者最大的共同点。他一直探究构成单位,类似于语言的音素和语素,或许在跨文化层面上这两者是可以被拿来比较的。每一个总的构成单位存在于一组关系之中,但是这堆关系(类似于音位学上的一堆不同特征)界定了神话隐藏的观念内涵。列维-施特劳斯对俄狄浦斯故事的"翻译"指出,这个故事建立在两组对立关系之上:① 过度强调血缘关系与过于忽视血缘关系;② 否认人的自然生成与坚持人的自然生成。他的论证十分复杂,或许还有些牵强附会。就算是进行概括也需花费很大篇幅,所以这里我就不做概括了。古典学家以及真正的人类学家们可能并没有完全地接受列维-施特劳斯的观点。但与我的演讲相关的内容在于,正是列维-施特劳斯以"新式人类学"所特有的时兴方式,努力深入习俗的表层之下,并超出"常识"的实体,才使得一门名副其实有关文化的比较科学成为可能。

在希腊文化研究者这边,可选择的范围就大得多了。我必须限制自己只对两本有代表性的著作展开评述,并对其中一本书留下更长的评论,因为对我来说,这本书在一般观念领域极为重要。

人类学家们偶然将芬利[66]的《奥德修斯的世界》(*The World of Odysseus*,1954)当作一份重建自文学作品的一流民族志来阅读,他们都将有所触动。他恰好是我通常认为的对希腊作品了如指掌的那类人类学家。原文中的一份阅读材料显示,在跟当代人类学思想保持同步方面他做得非常好。而且他在

---

[66] 芬利(Moses I. Finley,1912—1986),英国剑桥大学达尔文学院教授。

"参考书目"中已经标出了自己汲取这些知识的资料来源。

诺曼·布朗[67]的《小偷赫尔墨斯》(Hermes the Thief, 1947)在材料组织上有更为严格的技艺。但同时它也是极为优秀的民族志。关于部落习俗以及他所处理的希腊不同时期的章节,至少像基于田野远征形成的专论一样有据可查。布朗对神话的处理同时受到了弗雷泽的研究与马林诺夫斯基及其他后来学者的研究的影响。他对原始贸易的讨论利用了适宜的人类学资料。

多兹的《希腊人与非理性》(The Greeks and the Irrational, 1951)是最近十年(1950—1960)我读过的书中印象最深的一本。他对人类学的兴趣以及学养早在其编辑的欧里庇得斯[68]《酒神的女祭司》(The Bacchae)一书中便有显露,在该书中,他毫不犹豫地同时使用夸库特印第安人、波利尼西亚人以及其他"原始人"的资料来阐明社会结构的象征性关系、酒神的女祭司(maenadism)的比较文化心理学以及其他主题。

请允许我概括他最后一本书中的部分论点。荷马时代的文明也就是人类学家所谓的"耻感文化"(shame culture)。被禁止的以及非理性的冲动外在于神与魔鬼之上。随后的古风时代(Archaic Age)展现了从"耻感文化"到"罪感文化"(guilt culture)的转变,后者是由起于紧密的家庭组织与不断增长的个人权利之间的张力所决定的。家庭的团结解释了这一事实,即父

---

[67] 诺曼·布朗(Norman Brown,1913—2002),美国哲学家。
[68] 欧里庇得斯(Euripides,公元前485或480年—公元前406年),希腊三大悲剧大师之一。

亲的罪责就像他的债务一样可以由儿子继承。为了战胜"人类的无知以及不安全感带来的毁坏",这样的世界需要由迷狂的预言所提供的神圣保障,尤其是在德尔菲。但是它也需要能够被除个体所感染上的非理性冲动的酒神节(Dionysiac)以及类似仪式。

潜意识现象的文化决定性被希腊关于梦的知识所证实。尤其是在神庙里睡觉时,梦里显现了神、祭司、父母或其他类似阿斯克勒庇俄斯[69]的人物。这些人物的显现透露出的事件(在不利用象征论的情况下)以及他们施与的帮助或忠告都证实了潜意识现象的文化决定性。在这些情况下,病人在梦中的经历也显示了他们对疾病的潜意识态度。如果说直到公元前5世纪,"俄耳甫斯教"的(orphic)观点坚持认为梦是"灵魂自身天生的力量"标志(Dodds, p. 118),这是一种新宗教范式的表现,也就是"清教徒式"(puritanical)的表现。它的起源可以追溯到公元前7世纪,与黑海周围的萨满教文化紧密关联。萨满教以其对神圣源头本身神秘的个人主义宗教体验"掀起了一个个人主义不断高涨的时代,在这个时代对酒神狄奥尼索斯[70]的集体迷狂不再完全有效"(p. 142)。萨满教赞同转世信仰,也支持对身体的厌恶以及对快乐的谴责。由巫术技巧带来的纯洁变成了"拯救的首要意涵"(p. 154)。

---

[69] 阿斯克勒庇俄斯(Asclepius),希腊神话中的人物,医神,是阿波罗与塞萨利公主科洛尼斯之子。
[70] 狄奥尼索斯(Dionysus),又译狄俄尼索斯,古希腊神话中的酒神。

因此,古典时代拥有穆瑞所总结的各种官方以及非官方宗教观念与信仰的"遗传沉积"(inherited conglomerate)。植根于公元前6世纪艾奥尼亚的智者的启蒙预示着解除这一"遗传沉积",而且智者的理性论带来了"从无意义的法则以及非理性的犯罪感中……解放的感觉"(p.189)。然而,理性论也有其危险。它使人能够"证明残忍地对待自己是合理的";此外,"少数人的信仰与多数人的信仰之间存在的分离变得绝对化"(p.192)。"在公元前5世纪后三十几年的雅典,以宗教为由成功地对知识分子进行了控诉"(p.189),由此,这种普遍的反应得到了印证。柏拉图[71]试图稳定"遗传沉积"衰变所固有的危险处境。他认为人类理性(human reason),即"苏格拉底哲学的理性精神"(rational Socratic psyche),等同于萨满式传统可解开的神秘本性。柏拉图相信"诗人、先知和'疯狂'(corybantic)在某种意义上成为获得神或恶魔恩典的渠道"(p.218),并打算进行改革且将以一个"新的国家教会,……一种对阿波罗[72]以及太阳神赫利俄斯的联合崇拜……阿波罗代表着平民大众的墨守传统,而赫利俄斯则象征着哲人新的'自然宗教'"(p.221)作为终结。然而,柏拉图失败了,沉积的瓦解在继续。

---

[71] 柏拉图(Plato,约公元前427年—公元前347年),古希腊伟大的哲学家。
[72] 阿波罗原本并不是太阳神,他是光明神,而赫利俄斯则是希腊神话中的日神。赫利俄斯是提坦神许珀里翁(Ὑπερίων)与忒亚(Θεία)之子,月女神塞勒涅(Σελήνη)和晨光女神厄俄斯(Ἠως)之兄,太阳车神驭手,传说他每日乘着四匹火马所拉的太阳车在天空中驰骋,从东至西,晨出晚没,令光明普照世界。而阿波罗是太阳神之说,是由于一些古希腊人对诸神的严重混淆,和后世的诗人与戏剧家的添加而产生的巨大错误。

你们不必全然接受这一论辩,也不必认为它是人文主义学术和人类学学术的完美结合。我自己就对这一观点有所保留。有时候多兹忘记了"耻感文化"和"罪感文化"是"理想类型"(马克斯·韦伯[73]的意义上)。没有人能像多兹教授那样清晰地将阿波罗式迷狂的预言区分于萨满式的体验。而且我认为,就人类学而言,他从斯基泰人(Scythians)中推导出希腊的萨满教是不大可能的。但是这些和其他为数众多的异议并不能改变以下事实:这是个深刻的创新,并且,这是一本伟大的著作。它让我羞于回想起自己当时为从古典学研究转向人类学研究而找的借口,那就是有意思的关于希腊的研究已经都被做完了!

事实上,这样的一本书能够由牛津大学的希腊语钦定讲座教授出版,这本身就向我表明:人类学思想以及对无文字的非希腊人的比较研究作为帮助我们理解希腊文明的情况至少赢得了部分胜利。我查阅了相当多的古典学者对《希腊人与非理性》一书的评论。无可否认地,一些人语气上有些痛苦,另一些人则有些嫉妒。但实际上,没有人的评论是这样说:"这太可怕了:整本书空洞无物。"

相反,他们的同辈和前辈弗雷泽和穆瑞的著述根本没有取悦更为保守的希腊文化研究者。人们读到了很多尖锐刺目的贬低人的绰号。我引用一份来自保罗·肖里[74]教授的义愤填膺

---

[73] 马克斯·韦伯(Max Weber,1864—1920),德国社会学家,公认的社会学三大奠基人之一。
[74] 保罗·肖里(Paul Shorey,1857—1934),美国古典学者,曾执教于芝加哥大学,从1908年起他就是《希腊语言学》的主编。

的抗议作为代表:

> 穆瑞教授造成了很多危害,因为在整整一代人的思想里,是他促发了哈里森小姐、伊莎多拉·邓肯[75]、苏珊·格拉斯佩尔[76]以及斯塔克·扬[77]先生这些"受难节与古典学教授们"(Good Friday and Classics Professors)所谓的疯狂的希腊精神(Hellenism),维切尔·林赛[78]先生更为高级地提出的杂耍希腊精神,詹姆斯·弗雷泽爵士的门徒们提出的人类学希腊精神,以及所有这些如泉涌般迸发出来的有关希腊精神(Greek spirit)的"着迷的废话"(rapturous rubbish),比如非理性、半感伤的、波利尼西亚式、自由诗和性自由的希腊精神,正是这些希腊精神取代了阿诺德[79]和杰布[80]的古典学的宁静理性观念。

对于这种攻击,多兹当然会激烈地反驳说希腊人毕竟还不是那么平静而理性的。

20世纪50年代出版的许多有关剧作家的书籍大体上没有什么区别。同样地,英国维多利亚时代的学者和德国爱德华时代的学者,都强烈地趋向于删除原始主义或为它辩解。但是现

---

[75] 伊莎多拉·邓肯(Isadora Duncan,1878—1927),美国著名女舞蹈家,创立了基于古希腊艺术的自由舞。
[76] 苏珊·格拉斯佩尔(Susan Glaspell,1876—1948),"美国现代戏剧之母"。
[77] 斯塔克·扬(Stark Young,1881—1963),美国权威戏剧评论家。
[78] 维切尔·林赛(Vachel Lindsay,1879—1931),美国诗人。
[79] 阿诺德(Arnold),未详。
[80] 杰布(Jebb),未详。

在所谓的"神学"比早期专家群体所承认的更为原始,被相当普遍地看作是赫西俄德风格的,甚至是荷马风格的。亚当斯[81]先生仍然坚信埃斯库罗斯[82]是一个一神论者,并力求在《俄狄浦斯在科罗诺斯》(*Oedipus at Colonus*)中找到准基督教的末世论。但是塞德里克·惠特曼[83]在其早些年出版的关于索福克勒斯[84]的书中表露出完全相反的立场。里奇蒙德·拉铁摩尔[85](他注意到《俄狄浦斯王》[*Oedipus Tyrannuss*]是另一个弃婴故事)也阐明索福克勒斯远非我们所想的那样浸染于维多利亚时代的良好氛围中。休·劳埃德-琼斯[86]已去除由牛津运动加诸埃斯库罗斯所描述的宙斯身上的类似基督徒的刻板印象,并正坚决地将其还原到天然的仪式背景中。

最近,古典考古学与人类学的关系有些奇怪。古典考古学曾吸收诸如劳伦斯·安吉尔这样的体质人类学家们身上的知识。还有一些人类学考古学家,比如休·亨肯,与古典考古学家保持着良好的沟通。但是古典考古学从未像史前考古学那样成为人类学一般科学的次级学科。它大部分还是独立自主的,只

---

[81] 亚当斯(Sinclair MacLardy Adams,1891—),古典学者。
[82] 埃斯库罗斯(Aeschylus,约公元前525年—公元前456年),古希腊"悲剧之父"。
[83] 塞德里克·惠特曼(Cedric Whitman),他以荷马研究著称。
[84] 索福克勒斯(Sophocles,约公元前496年—公元前406年),古希腊三大悲剧作家之一。
[85] 里奇蒙德·拉铁摩尔(Richmond Lattimore,1906—1984),美国诗人。他还是希腊古典学的翻译者,他的翻译作品以《伊利亚特》与《奥德赛》著称。
[86] 休·劳埃德-琼斯(Hugh Lloyd-Jones,1922—2009),英国古典学者,他是牛津大学的希腊语钦定教授。

有部分主要附属于希腊文化研究的主体——也就是说,古典考古学是沿着实质的而非沿着学科的路线聚集起来的。我想,这是因为古典考古学仍然是纯粹的人文主义学科,而人类学只是部分具有人文主义性质。

而且,古典文献学(classical philology)处在传统人文主义的要塞里,以致现代人类学思想少有渗透进来。例如,1955年,在牛津古典哲学新教授的开幕讲座上,帕默[87]专门主讲亚该亚人(Achaeans)的社会组织和政策,却没有参考近来人类学关于社会结构方面的任何研究。不过,他确实随意地引用了人类学考古学家戈登·柴尔德[88]的研究。

不过,总的来说,当代古典学迅速接受了如下人类学观念:① 难以在文化真空中有利地研究希腊甚至希腊文学。② 古希腊比迄今为止大多数希腊文化研究者所知的还要"原始"得多。③ 人类学和心理学的某些想法能够解释希腊资料。

最后,让我们从这些列举出来的相当枯燥的名字和贡献上转到有关作为解释的宽泛兴趣问题上来。以彼此之间建立*友好关系*(*rapprochement*)开始,过去几年来,古典学和人类学这两个领域中流通的想法和材料逐渐变成一边倒了。希腊文化研究者频繁地转向研究人类学,比起20世纪的头20年,或许过去15年来这种转向更为频繁。反过来说就不对了。我想,主要原因

---

[87] 帕默(Leonard Robert Palmer,1906—1984),英国比较语言学家。
[88] 戈登·柴尔德(V. Gordon Childe,1892—1957),澳裔英籍考古学家。他被公认为是20世纪前期最有成就的史前考古学家。

有两个。第一个是简单的,也是令人遗憾的,就是语言障碍的事实。第二个原因是因为"摇椅人类学"已经过时了。专业的声望落到研究活人的学者那里去了,而非落到那些从发霉的著作中拣选事实的学者身上。然而,即使人类学家急需的某种信息短缺了,而有关希腊古代的现成可用的材料如此丰富以至于我们还是极有可能进入充满诱人机会的分支,在那里,经过深思熟虑之后,我们有希望一展身手。

但是第三个原因或许会恰当地引起我们的反思。我相信,古典学家正朝着人类学家的方向移动,因为我们的时代更为广泛的思维风气偏爱作为特殊之对立面的普遍化与原则,偏爱与描写相反的理论;如果你愿意这样理解的话,还偏爱作为人文科学之对立面的科学。

在《古典学与人类学》(*Anthropology and the Classics*, 1908)的导论中,马雷特曾暗示,实际上人文科学和人类学于彼此之间划分了人类文化的"势力范围"。粗略地说,人文科学研究文明民族而人类学研究原始人。而且马雷特力劝这两个领域联合起来致力于研究它们之间的"过渡现象",诸如早期希腊文化。

今天,我们当中的多数人表达的观点会相当不同。首先,人类学家应该抵制这种将他们的研究对象确定为一种"高级的蛮族学"(higher barbarology)的认同。的确,至少从泰勒开始的许多人都主张,原则上人类学关注各种时空中的所有人类,只不过正在消失的或者正急速变化的文化的紧急情况使得他们将注意力集中在无文字民族身上。其次,在1908年的牛津实际上不存在什么社会科学。社会学根本不能代表一切,经济学也几乎不能。政治科学为哲学所吸收;而历史学是一门人文科学。

不过,我希望将焦点集中在人类学与人文科学之间的关系上,人文科学中的古典学研究是最老牌最显著的例子。严格说来,人类学并不是一门社会科学,虽然现今它经常被称为社会科学。它确实包含社会科学的元素,至于观点、方法以及内容现在都是类似的。然而从历史上看,它一方面来源于自然科学,另一方面又源于人文科学。最初被称为人类学家的那群人原本是被训练成为物理学家、自然历史学家、比较解剖学家、地质学家——或者古典学家、历史学家以及哲学家的。能够在希腊和文艺复兴时期的人文主义者中找到当代文化人类学的背景,例如蒙田[89](尤其参见其关于食人族["the Cannibals"]的论文)、博埃姆斯[90]、皮克·德拉·米兰德拉[91]以及普芬道夫[92]。文化人类学相当直接地起源于启蒙时代:源自孟德斯鸠[93]、德·布罗斯[94]、伏尔泰[95]、孔多赛[96]以及赫尔德[97]。"社会科

---

[89] 蒙田(Montaigne,1533—1592),是法国文艺复兴后期、16世纪人文主义思想家。
[90] 博埃姆斯(Boemus,1485—1535),德国人文主义者。
[91] 皮克·德拉·米兰德拉(Pico della Mirandola,1463—1494),意大利文艺复兴时期的哲学家。
[92] 普芬道夫(Pufendorf,1632—1694),德国17世纪最杰出的自然法学思想家。
[93] 孟德斯鸠(Montesquieu,1689—1755),法国启蒙思想家、法学家。著有《论法的精神》。
[94] 德·布罗斯(de Brosses,1709—1777),法国法官、作家,第戎议会议长。
[95] 伏尔泰(Voltaire,1694—1778),法国启蒙时期的哲学家、历史学家、文学家。
[96] 孔多赛(Condorcet,1743—1794),法国哲学家。
[97] 赫尔德(Johann Gottfried von Herder,1774—1803),极具影响力的德国哲学家、文学评论家、历史学者及信义会神学家。

学"是后起的。亚当·斯密[98]的《国富论》(The Wealth of Nations,1776)大概能够被视为社会科学的起点。第一位社会学家孔德[99]在大约60年后享有盛名。"政治科学"仍然更缓慢地从历史学、法学以及哲学中脱身而出;此外,支流沿着不同的渠道涌现出来。社会科学从一开始就坦率地具有改良和功利的意图。与其说它发端于公正无私的知识分子对人的好奇心,不如说起于改善人类状况的迫力。对于孔德来说,这是准确的,对于马克思来说也一样。社会科学家们从一开始就更关心"应该"而非"是"。另一方面,前人类学家们(proto-Anthropologists)以及最初的人类学家仅仅只是好奇。与人文主义者以及自然科学家们一样,他们对这样的现象抱有超然的兴趣。人文主义者和人类学家将价值观当作**本体**(ta onta)——正是这些事物。社会科学家们带着改变它的希望将自己导向社会和文化现实。

事实上以及历史地来看,人类学都是混血怪物,正如以下事实可以证明,即在不同学科之间,人类学在国家委员会那里可以单独代表人文科学、自然科学或者社会科学。至少直到最近,在其原始的假设和原始的范畴上,比起社会科学,人类学更接近于自然科学和人文科学。看起来,对于理解古典学与人类学在过去与现在的关系问题,本质上的情形是这样的。

---

[98] 亚当·斯密(Adam Smith,1723—1790),英国学者,是经济学的主要创立者,著有《国富论》《道德情操论》。
[99] 孔德(Comte,1798—1857),法国著名的哲学家、社会学和实证主义的创始人。他开创了社会学这一学科,被尊称为"社会学之父"。

克鲁伯和列维-施特劳斯（Tax[100]等人，1953）一致认为自然科学与人文科学共享一个重要的性质：它们都是在深度上进行研究。它们的探究是精密的。它们并没有将自身局限在人工制品、对孤立的飞地的研究之上，而是尽力将相关的一切纳入考量之中。相比较来看，社会科学并没有严格地探究基本原则。经济学和政治科学处理人类行为以及人类行为的结果。然而，尽管有些增长，但是少有例外，它们还是那样进行操作，仿佛人类生物学、人类心理学、人类文化与问题无关或者可以被视为近似不变的常量。

克鲁伯进一步认为"人类学主要代表了，整个自然科学自身无意识地延伸至由人文科学把守的传统区域的成果"。这看起来或许像人类学帝国主义式的宣称，而且无疑这一表述本应该在各个方面都是合格的，但让我感触颇深的是，从根本上来说克鲁伯没有错。他建议人类学的语言学发展脱离语文学，这可以被看成是一个早期范例，未来它显然会扩展开来。语文学是一门人文科学——"对无数特定的字母感兴趣并考虑它们自身的价值，确认语言、形式以及更好或更坏的作用之间的等级"。实际上，语文学将自身囿于伟大文明的语言和文献上。另一方面，人类学的语言学包括了所有的语言，探寻具有科学精美性的普遍原则的公式。

不管怎样，在一个科学在知识分子视野中占主导地位的新

---

[100] 索尔·塔克斯（Sol Tax，1907—1995），美国人类学家，以其对福克斯（Fox）印第安人的研究著称。

时代里，最老牌的人文科学的学者从科学当中找到一些意气相投的东西，这并不奇怪，因为科学具有——和它科学性的方面一起——很深的人文主义的渊源。在我们这个时代，许多希腊文化研究者都是寻求理论的人。在人类学当中，他们找到了一些适用于自己意图的理论框架和观念，尤其是那部分已经并入了深度心理学的人类学思想。

II
人的研究和以人为中心的文化

  第一个讲座概述了古典学与人类学之间某种长期延续并且互惠互利的关系。有人认为，在某种程度上这种令人满意的情况应归功于人类学中持久的人文主义元素。希腊文化研究与社会学、经济学或者心理学几乎没有这样的联系，事实当然是这样的。进一步来说，这意味着当代人类学的思维方式，只有凭借某些与众不同的人类学概念谱系才能被理解。在诸如皮克·德拉·米兰德拉、博埃姆斯以及蒙田这些文艺复兴时期人文主义者的著作里，你或许能看出许多后来人类学的预兆。而且这些人文主义者是谁呢？他们就是重新发现希腊文化的人，希腊文化也就是我们所知的历史上现代西方最早的以人为中心的文化。

希腊人有真正的人类学吗？第一次读到约翰·迈尔斯爵士关于希腊人是最初的人类学家的观点(1907)时,坦白说我深表怀疑。我知道赫卡泰俄斯[1]已经被称为民族学之父以及地理学之父了,而希罗多德也已被称作人类学之父以及历史学之父。但也有其他人主张卢克莱修[2]或者老普林尼[3]应该被视为人类学家的始祖。我怀疑迈尔斯试图将他的两个爱人合二为一,但这种联系如果不是错误的,也是牵强的。

但是现在,经过了这期间数年相当多的研究,我完全信服当代人类学思想的世系能直接追溯至希腊思想。研究人与文化的希腊学者并不自称为人类学家。说来遗憾,anthropologos 只不过是指爱说长道短的人或爱管闲事的人。或许在私下里,今天我们研究的那些东西给我们同样的感觉。不过,希腊人确实提出并力图回答了我们视为重要的诸多问题。对人类学之父以及历史学之父的称号,希罗多德当之无愧,因为正是他最初说自己不仅要论述发生了什么,还要探讨为什么会发生。好像对后来的历史学家爱德华·迈耶[4]来说,对史学的普遍解释并非哲学的任务而是人类学的工作。

每门科学都有一面主要是描述和分类,还有另一面以理论

---

[1] 赫卡泰俄斯(Hecataeus,约公元前550年—公元前480年),古希腊自然哲学家,出身于米利都城邦的名门贵族,著有《大地巡游记》《谱系志》等。
[2] 卢克莱修(Lucretius,约公元前99年—公元前55年),罗马共和国末期的诗人和哲学家,以《物性论》著称。
[3] 盖乌斯·普林尼·塞孔都斯(Gaius Pinius Secundus,约23年—79年),世称老普林尼(Pling the Elder),古代罗马百科全书式作家,以《自然史》著称。
[4] 爱德华·迈耶(Eduard Meyer,1855—1930),德国历史学家。

探讨为主导。坚持认为希腊人是最早或唯一对其他群体的风俗习惯或者体型表露出兴趣的人群,或许有些荒谬。用两个老套的例子来提醒你:埃及中王国时期[5](Egyption Middle Kingdom)有关人类种族的著名画像,中国也有书写了匈奴以及其他"夷狄"部落的民族志著作。不过,还是能够尝试着证明希腊的描述人类学比现存记录的其他任何古代人的人类学都要更进一步,而且完成得更体系化。真正的人类学理论发端的功劳也应该归于希腊人。因此至少在公元前6世纪之后,或许有人说在公元前5世纪之后,他们的民族学具有观念性的视角,并且具有一个不仅仅是古文物研究(antiquarian)的或者说史学的视角。

让我说说希腊人类学的"流水账"吧。我将从希腊人对民族或地方的知识以及他们对外国习俗的评论开始,继之以他们对有关人类兴趣问题的长久思考,并以他们对当代理论的一些预期作结。

对荷马来说,世界主要是指地中海东部流域。不过,他确实知道"无可责难的埃塞俄比亚人(Ethiopians)",他们是奥林匹斯山的众神在一个12天的盛宴中拜访的人;荷马也知道阿比人(Abii)(或许是斯基泰人),他们是"最正义之人",生活在北方;荷马还知道神秘的淮阿喀亚人(Phaeacians)。荷马对风俗的多样性鲜少表露出兴趣。他却谈论起生活在没有 *themistes*(法典地美士地),即人类已建立的习惯法情况下的独角巨人(Cyc-

---

[5] 埃及中王国时期指约公元前2040年至公元前1640年,古埃及第11至14王朝时期。

lopes）。在公元前 8 世纪,对赫西俄德来说,生活在大地尽头的就是埃塞俄比亚人,给母马挤奶的斯基泰人以及伊特鲁斯坎人（Etruscans）。

公元前 8 世纪和公元前 7 世纪,希腊人的旅行和地理知识获得了极大扩充。从黑海海岸的最远端到罗讷河（Rhone）河口,再到西班牙、埃及以及昔兰尼（Cyrene）东海岸,希腊人都已建立了定居点。毫无疑问,这一时期的航海和殖民推动了希腊人类学的发展——正如启蒙时期处在形成中的人类学受到了作为其背景的在美洲、南岛、亚洲以及非洲的多元文化世界的刺激一样,这些刺激由于 16 世纪以及 17 世纪的旅行与发现,已经为欧洲人所知。随着波斯帝国的扩张,希腊商人最远已经到达了苏萨（Susa）。当然不久以后,希腊人的地理世界就从加的斯（Cadiz）延伸至恒河了。据我们所知,公元前 6 世纪阿那克西曼德[6]绘制了第一幅地图。一段时间之后,赫卡泰俄斯写出了《地球的描述》（Description of the Earth）一书。埃斯库罗斯——可能是受到了赫卡泰俄斯的启发——谈到了印度人（骑骆驼的游牧民）、波斯人、埃及人、埃塞俄比亚人、利比亚人以及西叙亚人。他评判一个族群的标准不是种族,而是文化。在《波斯人》（Persae）中,阿托萨[7]梦里的两名女子在体型和外貌方面都像是姐妹。但是根据她们的穿着,阿托萨推断认为一个是波斯人,

---

[6] 阿那克西曼德（Anaximander,约公元前 611 年—公元前 549 年）,古希腊哲学家、米利都学派的学者、泰勒斯的学生。

[7] 阿托萨（Atossa）,居鲁士大帝的女儿,大流士一世的皇后,薛西斯一世的母亲。

另一个是希腊人。在《乞援人》(*Suppliants*)中,据说是根据服装配饰来判断达那特(Danaid)合唱团的妇女是否是外来人。只有在这些服装无法确定时,才会诉诸语言。

  最有权威性且常被引用的章节(the *locus classicus*)当然属于天真的希罗多德。除了早期作者所提到的民族,他还讨论了诸如利古里亚(Ligurians)族群以及昔恭纳伊(Sigynnae)族群。利古里亚人生活在从马赛到内陆的地域,而昔恭纳伊人曾居住在今日罗马尼亚人所在的部分区域。他着迷于文化的多样性:割礼、回避赤身裸体以及在公共场合的小便行为。作为一个以人类为中心的希腊人,在发现埃及人具有兽头神灵(animal-headed deities)时,他觉得有点毛骨悚然。但是他以希腊特有的假设方式来使用抽象概念。他是个普遍主义者。他将霍鲁斯[8]与阿波罗、奥西里斯[9]与狄奥尼索斯、布巴斯提斯[10]与阿耳忒弥斯[11]等同起来。他还忠实地说明了现象的变化无常。他就是个优秀的人类学家,原因尤其在于他对物质资源以及婚姻风俗做了大量描述。

  希罗多德的族群区分标准主要是在文化上。在提到雅典人为什么拒绝马其顿人提议的放弃泛希腊主义的段落中,希罗多德援引了他们之间存在着共同的世系、共同的语言、共同的宗教

---

〔8〕 霍鲁斯(Horus),古代埃及的太阳神,被描绘成长着像鹰一样的头。
〔9〕 奥西里斯(Osiris),埃及最重要的"九神"之一,是地界的主宰和死亡判官。
〔10〕 布巴斯提斯(Bupastis),猫女神巴斯特的圣城,埃及第22王朝将它作为首都。
〔11〕 阿耳忒弥斯(Artemis),古希腊神话中的狩猎女神、月神。

以及共同的风俗作为理由。在其他地方,他赞同地援引了品达[12]的评论:"风俗是一切之王。"他指出,不管怎样希腊人都绝不会吃他们先人的遗体,印度人也不会焚化自己祖先的遗体。他谴责冈比西斯[13]违背其他民族"长期建立起来的习惯法":

> 如果你让人们从全世界所有的风俗当中选出一些,比如对他们来说最好的那些,他们肯定会考察了全部习俗之后,以更喜欢自己民族的风俗作结;他们十分确信自己的风俗远远超过了其他民族的风俗。因此,除非一个人疯了,否则他不大可能会轻视这些问题。(III,38;tr. Rawlinson)

在希罗多德之后,希腊人对描写人类风俗全部变化的兴趣也发展成熟了。让我仅仅提及一些突出的例子:被认为是希波克拉底[14]的作品——《论空气、水和所在》(*Airs, Waters, and Places*)一书的部分内容;色诺芬[15]的《居鲁士劝学录》(*Cyropaedia*);柏拉图在《法律篇》中对外国风俗的比较研究;亚里士多德的《野蛮人的风俗》(the *nomina barbarika*)。许多非常怀旧的段落让人想起 19 世纪的人类学。柏拉图的《法律篇》就是一个绝佳的例子,比如说他所讨论的不同民族的饮酒习惯(I,

---

[12] 品达(Pindar,约公元前 518 年—公元前 438 年),古希腊抒情诗人。
[13] 冈比西斯二世(Cambyses,公元前 529 年—公元前 522 年在位),他是一位残暴的君主。
[14] 希波克拉底(Hippocrates,约公元前 460 年—公元前 377 年),古希腊医师,被西方尊为"医学之父"。
[15] 色诺芬(Xenophon,约公元前 430 年—公元前 354 年),古希腊历史学家、作家。

637)。一些作家,比如赫拉克利特[16]以及亚里士多德,甘愿寻找在风俗外部装饰之下的相似之处——因为人类普遍的心理学或者"原始的人类本性"。另外一些作家则强调不同之处。狄奥弗拉斯图斯[17]在《人物》(*Characters*)中这样开篇:"我们希腊人说着同样的语言并以差不多一样的方式被抚养长大,心理上却仍然如此不同,这难道不奇怪吗?"

让我们转向关于人类学家必然感兴趣的那些问题的推测。希腊人对人类源头的看法是不一致的,并且也不极度武断。希腊人思想非常开明。荷马所描写的宙斯就是"众神与人类之父"。尽管亚里士多德仅仅从字面上将宙斯解释为父权制国王,不过在荷马以及其他作家笔下有很多段落能够作为支撑生物学上父系血统观念的证据。在《工作与时日》中,赫西俄德[18]描述到一些人是由宙斯所创造的,而其他人是由克鲁诺斯[19]时代的早期神灵所创。俄耳甫斯教显然相信人类种族源自天一父和地一母。有许多认为人类自石头诞生或者从树里诞生的观念。在《普罗米修斯》(*Prometheus*)中,埃斯库罗斯轻描淡写地暗示了存在着自然产生的一代人。简而言之,人类既是以各种不同的方式土生土长的,也是由神所创或者是神的后裔。看起来这个问题并没有让希腊人大伤脑筋。

---

[16] 赫拉克利特(Heracleitus,约公元前530年—公元前470年),古希腊哲学家,朴素辩证法思想的代表人物。
[17] 狄奥弗拉斯图斯(Theophrastus,约公元前372年—公元前286年),亚里士多德的学生,逍遥学派的首脑。
[18] 赫西俄德(Hesiod,约公元前8世纪),古希腊诗人,以《工作与时日》著称。
[19] 克鲁诺斯(Chronos),希腊神话中的泰坦之一,掌管时间。

不过,希腊人的确首次预示了进化论,既包括生物学上的进化论,也包括文化上的进化论。阿那克西曼德(生于公元前611年)坚称生命不知怎么地就由无生命物质逐步产生了。太阳的热度作用于黏液或者海水之上,势必产生更简单的生物有机体。出于新生的陆生动物的无助,他断定哺乳动物,包括人类胎儿在内,不可能是生命的最早形式。鱼类对它们的幼子没有进一步的关心——因此它们也不可能是我们的祖先。然而,"很明显,"他说,"人类和鱼类一样都是最早被造出来的,而且人类像鲇[20]一样哺乳;此外,当它们有能力独立生活时,它们随即被丢上岸并开始陆地生活。"据说阿那克西曼德曾经推断,既然鲨鱼确实对它们的幼子温柔以待,那么它们要么是我们的祖先,要么是我们的养父母。不过,这种幻想可能是阿那克西曼德后来的学术敌人们编造的。但是他的观点似乎部分地背离了对生物变化的经验观察(从蝌蚪变成青蛙,蛹化为蝴蝶),而且他看起来的确已经具有真正的进化论观念。

阿格里琴托城邦的恩培多克勒[21](生于公元前496年)对出于进化过程的生物做出了特别解释。尽管恩培多克勒的思想中带有许多想象的甚至神秘的东西,但是他的确一方面强调了人与其他生物的联系;另一方面在某种程度上阐明了适者生存的自然选择原则。恩培多克勒仅仅论述完整有机体的适应问

---

[20] 英文为 mud-fish,中文也有泥鳅之意。
[21] 恩培多克勒(Empedocles of Agrigentum,约公元前496年—公元前430年),公元前5世纪的古希腊哲学家,原子唯物论的思想先驱。

题。德谟克利特[22]对完整有机体的部分功能感兴趣。阿那克萨戈拉[23]、阿基劳斯[24]以及亚里士多德都预示过生物进化的观点,某种意义上他们都曾被赞誉为达尔文[25]的先驱。亚里士多德持有一种目的论演化(orthogenetic)的观点,但他却断言对不合格者的淘汰目前同样在进行:

> 每当事物的所有部分发生得就像是为了某个目的而发生的那样时,这些以合适的方式自发形成的事物就生存了下来;凡不是这样长起来的事物就灭亡了,并且还在继续灭亡着,正如恩培多克勒所说的那样。(*Physics*, II, 198b, 29f.)

我所提到的全部思想家都像阿那克西曼德那样做出一样的分类,在短暂的纤毛虫、因太阳照射而温暖的水或粘泥中几乎无定形的所有动物以及有思维的高等脊椎动物之间,人类只不过作为一种特别的理性物种而存在着。按照这种希腊思想的重要路径,毫无疑问人类是被特殊地创造出来的。这种希腊思想是与艾奥尼亚自然主义者同时出现的。人类是自然的一部分,也是在自然内部发展演变的。希波克拉底时代就已经出现了对动物王国的达尔文式的看法以及比较解剖学的知识,但在古典时

---

[22] 德谟克利特(Democritus,约公元前460年—公元前370或356年),古希腊唯物主义哲学家。
[23] 阿那克萨戈拉(Anaxagoras,约公元前500年—公元前428年),古希腊哲学家、自然科学家。
[24] 阿基劳斯(Archelaus),古希腊阿那克萨戈拉派学者,苏格拉底的老师。
[25] 达尔文(Robert Darwin,1809—1882),英国生物学家,进化论的奠基人。

期之后,直到文艺复兴时期才再一次出现这种看法和知识。还有许多引人注目的预估,比如阿那克萨戈拉所强调的在人手、工具制造、智慧以及文化之间的联系。阿波罗尼亚的第欧根尼[26]重视人类直立姿势的优势——他的理由并不令人信服,但是这种观点还是不错的。在目的论的基础上,阿那克萨戈拉和第欧根尼都曾遭到亚里士多德的非难,然而关于人类进化过程中手和姿势的至关重要的作用,现代人类学赞同他们的观点。

在文化进化方面,恩培多克勒像赫西俄德一样,认为文化从黄金时代开始堕落。从根本上说,赫西俄德划分的阶段是考古学的,每个阶段以其手工制品类型为特征。而且他观察到原始人是非农耕的森林居民,他们依靠采集维持生存,这一观察是相当不错的人类学推断。不过,赫西俄德描绘的是文化的退化而非进化。另一方面,德谟克利特似乎已经概括出了一套逐步演进的理论。人类文明的最早阶段是模仿低等动物阶段。语言纯粹是社会法则(*nomos*,法则),而非像赫拉克利特曾主张的那样直接起因于自然(*physis*,自然)。伊壁鸠鲁[27]改进了德谟克利特学派关于语言演化的立场,他认为语言植根于自然,但是在不同的自然环境下,人类群体的不同经验会使多种多样的词汇和语法得以发展。当然,在卢克莱修那里,人们发现了古代有关文化演进的最为充分的自然主义解释,但是据推测,这一解释建立

---

[26] 第欧根尼(Diogenes of Apollonia,约公元前460年),阿那克萨戈拉的同代人,艾奥尼亚的哲学家。
[27] 伊壁鸠鲁(Epicurus,公元前341年—公元前270年),古希腊哲学家,伊壁鸠鲁学派创始人。

在古希腊材料之上。希罗多德不止一次地讨论了风俗的演化,他也认为不同风俗是独立地被创造出来的。在自然环境的压力之下,语言和文化会以肉体(physique)一样的方式发生变化,而且随着语言和文化的变迁出现了文化传播的可能性。希罗多德确实优先考虑了传播。雅典妇女首先借鉴了多利安人的服装样式,随后借用了卡里亚人(Carian)的样式。很大程度上波斯文明是源自米提亚(Media)以及埃及的。克尔吉人(Colchians)、叙利亚人(Syrians)以及腓尼基人(Phoenicians)从埃及人那里学会了割礼的习俗。如果从某一合适的立场来看,作为有关开化的智慧之杰作,埃斯库罗斯的《普罗米修斯》是对包括算术的发明在内的文化演化的一种描述。修昔底德特别提到:或许能在高级文明中发现早期文明的遗存;而且,"古希腊人在生活习惯上类似于现在的野蛮人"(I,5—7)。柏拉图可能借鉴了修昔底德,他说:"在并不太久以前,希腊人认为裸体的人是下流而且滑稽可笑的(大部分野蛮人仍然保留这样的观点)。"(《理想国》,452C)亚里士多德的《政治学》假设发达的文化自简单的文化衍生而来。

关于生物种族,希腊人并没有一个明确的观念。生物学只在个人层面上才有意义。对亚里士多德以及其他人来说,曾经存在着"自然的"奴隶。但是,就群体而言,在贬低表现型的标准(phenotypical criteria)作用方面,希腊人是老于世故的。他们对某些民族中没有胡须以及雌雄同体的现象非常好奇。但他们的解释倾向于环境而非文化。希罗多德说,肉体"没有结果,因为还有许多黑皮肤和卷头发的其他人存在"。肤色并不是希腊人的特征,因为他们将不同的肤色很随意地归结于气候与地理原因。人类并不被划分为白人或黑人,而是被划分为自由人和奴隶。"希腊人"与"野蛮人"之间的区分在很多情况下经常被曲解。在这里,我甚至敢于不赞同我那博学的朋友罗宾逊教授在其杰作《伯利克里时代的雅典》(Athens in the Age of Pericles, 1959)中阐述的观点,尽管我们之间只存在微小的分歧。虽然希腊人为成为希腊人而感到非常骄傲,但是"野蛮人"一开始只是被用来称呼那些不说希腊语的人——它绝不是一个"种族"的范畴。关于这一事实的证据在于,如希罗多德所言,像佩拉斯基人(Pelasgians)以及莱莱吉人(Lelegians)这样的野蛮人能够变成希腊人(Hellenes)。修昔底德告诉我们,希腊精神是通过与真正的希腊人相交往以及模仿他们而形成的。而且我们有时候忘记了,希腊人经常崇拜和赞美"野蛮人"。希罗多德在开篇第一句就谈及"希腊人和野蛮人伟大而令人惊叹的行为"。希罗多德赞美了波斯人在普拉提亚(Plataea)的勇敢。埃斯库罗斯将波斯人战败的原因归结于薛西斯[28]过于傲慢的自负,而非波斯人民的衰退。希腊人提到埃及人时总是带着敬意。在《法律篇》中,柏拉图提议向"野蛮人"的文化借鉴,借鉴任何有用的东西。后来,埃拉托斯特尼[29]谈到,群体只应该通过他们道德上

---

[28] 薛西斯(Xerxes,约公元前519年—公元前465年),是波斯帝国的国王,是大流士一世和居鲁士大帝之女阿托莎的儿子。
[29] 埃拉托斯特尼(Eratosthenes,公元前276年—公元前194年),希腊数学家、地理学家、历史学家、天文学家,他设计出经纬度系统。

的品质而非物质上的品质来进行区分。

最后,让我们进入文化理论。我们看到,希罗多德已然把握了今日称之为"文化相对性原则"的东西。事实上,大约一个世纪以前,有个希腊文本对这一原则做出了清晰的陈述。生于公元前560年的色诺芬尼[30]写道:

> 的确,要是牛、马或者狮子也有手,要是它们能用手绘画,而且能像人所做的那样创造艺术作品,那么,马大概会按马的样子描绘神,而牛会将神画成牛的样子,并且按照它们各自的形象来描绘神的身体……埃塞俄比亚人将他们的神画成黑皮肤、塌鼻子的样子;色雷斯人(Thracians)说神有蓝眼睛和红头发。

而且,对一个民族的身体特征和他们的文化以及环境之间互相依赖的探究,在当代人类学中这项研究被归类于"文化和人格研究"的标题之下,这一研究在希波克拉底文集中已有明确的预兆:

> 同样的推理也适用于性质。在这样的气候下,形成了野性、孤僻和勇气。因为对头脑频繁地冲击影响了野性,摧毁了驯服与温顺。我认为,因为这一原因,欧洲人也比亚洲人更勇敢。尽管同质性产生了懈怠,而异质在身体和心灵两方面培养了忍耐力;安静和懈怠是怯懦的养料,而忍耐和

---

[30] 色诺芬尼(Xenophanes,约公元前560年—公元前470年),古希腊哲学家,据称是巴门尼德的老师。

努力则是勇敢的养料。欧洲人为什么更好战,原因也在于他们的制度,而不是因为他们像亚洲人那样处于君主统治之下。因此,如我上面所言,哪里有国王,那里就一定有最多的懦夫。如果人的心灵被奴役,他们拒绝轻易地、草率地冒风险来增加其他人的权力。但是独立自主的人为他们自己的行为而非其他人的行为冒险,他们愿意并渴求进入危险之中,因为他们自己享有胜利的奖励。所以制度为勇敢的形成起了很大作用。

在观念领域中,古希腊人并没有一个与人类学专业意义上的文化的概念精确等同的术语。*Ethos*(民族精神)或它的复数形式 *ethea* 确实指赫西俄德及其后的"人类的风格"。*Ethos* 与生物遗传形成对比。因此,伊索克拉底[31]说:

> 我们的城市曾导致希腊人的名字不再以一个血统的标记而是以思想的标记来呈现;正是那些共享我们文化的人被称为希腊人,而不是那些共享血统的人。

有时品达和其他作者所使用的词语,出自欧里庇得斯的《伊菲革涅亚在奥利斯》(*Iphigenia in Aulis*)诗行的词语,以及严格说来,可以被翻译为"不同的文化具有不同的行为规则"的词语,或许 *nomos*(法则)的意思是最接近这些词语的,尽管 *tropos*(品性)也是接近的。不论怎样,稍微探究一下在公元前 5 世纪

---

[31] 伊索克拉底(Isocrates,公元前 436 年—公元前 338 年),希腊古典时代后期教育家。

和公元前4世纪的 *nomos*（法则）与 *physis*（自然）之间的争论将是有价值的,奇怪的是,这一争论让人联想到我们19世纪关于"先天与后天"（nature and nurture）的争论。

首先,让我在自己所指的意义上说说"理论"。人们一定会将"理论"区别于"推测",认为"理论"是抽象的构想以及演绎的阐释,而"推测"要么是全然的幻想,要么是由观察而形成的专门（*ad hoc*）假设。在已经被考察过的人类学或准人类学的（quasi-anthropological）材料中,人类自石头或树木起源,代表了第一阶段的推测。这可能涉及某一特定生物类型的动物形象,而这种动物生活在类似周期性地于无意识当中形成的条件下。希波克拉底企图将富裕的西叙亚人没有胡须与他们的骑士习性相联系,这种企图是背离了观测数据的专门解释的一个例子。但是当我们转向某些有关生物进化的材料时,我们就进入了一个真正的理论王国,因为这些材料去掉了归纳和抽象的前提,即所有生物的连续性、渐进式发展,诸如此类。

沃纳·耶格尔[32]在《教化》（*Paideia*）一书中问道：为什么像希腊人这样的以人类为中心的民族,只有在他们制定出一门物理性质的科学之后,才系统地探讨人性问题？他给出的答案如下：

> 通过研究外部世界,尤其是通过医学与数学,希腊人只有在建立了一门精确的技术并由此开始内在人性的研究之

---

[32] 沃纳·耶格尔（Werner Jaeger,1888—1961）,古典学家,曾在美国芝加哥大学、哈佛大学任教。

后,才认为人性是一个理论问题……希腊精神将外部宇宙看作是由定律支配的,这一精神探究支配心灵的内在规律,并最终找到对内在宇宙的客观看法……因此事实上,心灵哲学是以自然哲学为先导的,这具有深刻的历史意义,当我们将文化史当作一个整体进行研究时它就会显现出来。(1939,pp.150—151)

这是在古希腊的艾奥尼亚、西西里岛(Sicily)以及阿布德拉(Abdera)的科学中,人类第一次在这片陆地上达成一种人与自然的观念,只有当它被嵌入一个抽象的构想以及演绎的阐释之理论中时,这种观念中每件事以及每个物品才能被看作是与智力相关而被人所知。物理现象和人类现象既被看作是普遍规律的实例,也被看作是既定的归纳概括。"有两件事,人们会正确地归功于苏格拉底,"亚里士多德说,"归纳论证和普遍定义"。事实上,归纳论证和普遍定义这两者在更早以前就出现了,能追溯到艾奥尼亚人的科学,尽管那时它们被阐释得不那么明确,也不怎么精致。普遍性是重要的"新"特色。正如罗宾逊教授在讨论雕塑时所说,比起复数的人(men),希腊人对大写的人(Man)更感兴趣。

Physis(自然)与 *nomos*(法则)之间的故事漫长而又复杂,所以我必须高度简化。在公元前5世纪,雅典的思想家们正在抗议,如果 *physis*(自然)解释了一切,那么道德准则就没有了任何合法的位置了。智者学派(Sophists)将自然的同一性与社会风俗的多样性加以对比,并将后者或多或少地视为强制性规约,这

一规约既然是人为创造的,那么也就可以人为地加以改变。普罗泰格拉[33]似乎曾持这样一个观点,即一个社会通过对其文化的理性批判,通过"使其 nomos(法则)现代化",能够带来所有可能世界中最好的世界。关于普罗泰格拉的名言 anthropos, metron panton(人是万物的尺度),已经出现了很多讨论。柏拉图以及其他许多人将之理解为"人是万物的尺度或标准"。亚里士多德认为这是个荒谬的解释。安特斯提纳尔[34]认为 metron(尺度)的意思是"master"(主宰),于是我们应该这样理解:

> 人是万物的主宰,是存在的事物存在的主宰,也是不存在的事物不存在的主宰。

无论如何,普罗泰格拉以及其他人都持这个我并不认同的观点。到 18 世纪维柯[35]说:"社会世界一定是人创造的"为止,这一观点在后希腊时代的西方世界一直被绝对肯定地陈述着。

在《柏拉图对话集》中以普罗泰格拉的名字命名的那一篇,普罗泰格拉坚称 arete(virtue,美德)能够被教导——尽管通过常规教学的方式并没有像通过人类学家所谓的"社会控制"方式那样多。另一方面,对苏格拉底来说,arete(美德)是,或者说应该是 episteme(知识),——系统的知识(Wissenschaft,知识、科学)。柏拉图试图调和自然与文化的关系。paideia(教化)和

---

[33] 普罗泰格拉(Protagoras,约公元前 490 或 480 年—公元前 420 或 410 年),智者学派的代表人物。
[34] 安特斯提纳尔(Untersteiner),未详。
[35] 维柯(Giambattista Vico,1668—1744),又译维科,18 世纪意大利著名的语言学家、法学家、历史学家和美学家,著有《新科学》。

politeia（城邦政制）都是建立在科学的自然知识之上。人洞察了永久的形式从而获得了其真正彻底的完美尺度，这些永久的形式是通过数学科学研究以及辩证综合而显露出来的。否认——正如柏拉图所为——人是万物的尺度，仍然使得以下问题存疑：人怎样确定人类的普遍性呢？按照柏拉图的说法，如果没有整体上的关于自然的辩证知识，这个问题是无法得到解答的。尽管个体的本体论性质在逻辑上优先于任何既定的社会法则，但是在《理想国》中，柏拉图为我们呈现了一个当代心理人类学的论题：一个既定社会的文化是围绕一个被挑选出来的人格类型进行整合的。从整体上看，参与一个既定文化的构造的个体身上承担着那个社会树为典型的社会特征。

正如《理想国》能被看作是一组关于理想国家的蓝图那样，它也能被视为有关人性的人类学论文。柏拉图设想，人类天生的不平等导致了经济上的劳动分工以及对那些足以胜任治理工作的几乎大部分人的选择、养育和教育。柏拉图答应要证明（《理想国》《高尔吉亚篇》[*Gorgias*]、《法律篇》）出在宇宙的自然法范围内，在人的 *physis*（自然）之中，存在着一个 *nomos*（法则），一个有关发展和控制的原则，而不是与智者学派一样认为在 *physis*（自然）与 *nomos*（法则）之间存在一个必然的冲突。这意味着，虽然有遗传差异，人性还是有某种普遍的一致性（这证明了柏拉图的心理学分析是正确的），不过只有在人性被社会所塑造时才能实现人的全部本质；人是遗传、环境以及个性的混合物，但绝对不是由它们中的任何一个所决定的。只有在一个完美社会中,因素之间的完美平衡才是可想象的;在任何现存的社会中,甚至连最美好的天然能力(*physis*,自然)都不能得到合适的养料(*trophe*,营养),或者实际上因其而腐坏,而且腐坏得越严重,其原初的许诺就越伟大。因此,在先天与后天的培育方面,柏拉图重视今日人类学家以人与文化的方式所提出问题。威廉·格林[36]教授写道:"看上去似乎现代人类学最新的趋势是心照不宣地回归柏拉图主义。"(1953,p.49)就以下基本观点而言,我倾向于同意他的看法:

1. 普遍或"原始"人性的存在。

2. 文化相对论并没有导致道德虚无主义,也没有导致对伦理的绝对事物完全否定,而是形成了发现这些绝对事物的比较的且科学的方法。

3. 必须在"自然"与个体之间置入一个中项(文化)。

在我看来,对于人性问题,亚里士多德比柏拉图更内在不一致,也更令人不满意。他常常接受自然的一致性与文化的相对性假定。他说,火在这里以及在波斯都会燃烧,然而,希腊人的风俗与波斯人的不同。另一方面,他在《解释篇》(*De Interpretatione*,16a,5)中指出,尽管人类具有不同的语言和书写形式,但是它们所象征的精神状态全都相同,正如它们所代表的事物一样。重点在于精神状态的一致和持久,而且在客观世界中它们与之相对应。所有人类都有思想,实际上(*in reality*)这些思想

---

[36] 威廉·格林(William Greene,1890—),古典学家。

是相似的,但是从外观上看(in appearance),这种同一性被掩藏在差异的屏障之后。这个就是我发现的好的人类学。在亚里士多德的思想中,他常常看起来似乎在说——正如赫拉克利特曾明确地说过那样——当个体的差异被减少时,共相(universals)正好是存于个体之间的剩余同一性。但是在《尼克马可伦理学》(*Nicomachean Ethics*)以及它的续篇《政治学》中,亚里士多德的讨论让我感到困惑。自然是统一的,虽然有时候会出现随机性的干预。人类相对于野兽的优越性在于以其理性行事的能力,而非凭靠自然与习惯。亚里士多德说:"倘若人们的理性说服他们用别的方式做,人类会做许多与习惯和自然相反的事情。"他确实没有解释理性怎样能够说服任何人去做违背自然的事情。相信自然是统一的以及将人纳入自然秩序中,但是,认为人应当成为他所不是的样子的任何理论,这些理论都有内在的难题。

显然,希腊人类学具有严格的限制。在相当狭窄的范围内,以及希腊人所熟悉的文化的多样性方面,这个是内在固有的。他们几乎没有开始对科学术语的发展,而且他们也毫无现代田野工作的方法。系统化的收藏和对人工制品的研究的开始——迟疑地——仅仅伴随着希腊化时代的博物馆的出现。将这些技术问题放在一边,希腊人类学广泛的概念上的限制是缺乏有关非理性以及人类行为的无意识因素的理论。毫无疑问,也存在一些微弱的理解。希波克拉底为一些年轻女孩的紧张胆怯的疾病所开的药方只是结婚和怀孕。弗洛伊德熟悉柏拉图的预想。亚里士多德有一个关于梦的理论,而且他曾谈及音乐的通便疗效。他和他的直接继任者,莱森学园(Lyceum)的院长,或许比其他希腊人更能领会到,如果你想要获得有关人性的概括图,就得进行非理性研究。但是,如多兹所写:

> 他们(希腊人)深刻地并且富有想象力地意识到权力、奇迹以及非理性的危险。但是他们能够描述在意识的开端之下,仅仅在神话的或者象征的语言中发生了什么;他们没有任何理解它的手段,控制它的手段仍然较少;而且在希腊化时代,他们中的太多人都犯了致命的错误,即认为他们可以忽视它。(1951,p.254)

可是他们走得如此之远,如此之早,这对我来说是奇迹。最优秀的希腊人将人看作是自然的一部分,而且认为应当对人进行自然主义的理解。他们认识到人曾是动物,所以人的发展必须根据一般生物的进化来进行调查研究。超过了一半的希腊人,明确地表达了自然选择原则。另一方面,他们并没有掉进生物种族主义的错误之中。他们偏爱地理环境与文化之间的相关性。生物学上的人性以及心理学上的人性肯定都是可塑的。文化的传播发挥了重要的作用。对于"文化",他们并没有一个集中单一的概念——我们仍然没有一个真正清晰明显的文化概念——但是对于文化的大体想法的理解,他们比16世纪普芬道夫之前的任何人都更好。尽管我们发现,在他们的人类学中有许多让人觉得容易上当受骗甚至连几分真实性都没达到的东西,但它仍然具有普鲁塔克[37]将之归功于雅典卫城建筑的属性:某种蓬勃兴旺的朝气。希腊人类学的资料和想法都吸引当代人类学家以及其他研究人与文化的学者来对之进行仔细地重新审视。

---

[37] 普鲁塔克(Plutarch,约公元46年—公元120年),罗马帝国时代的希腊作家,以《希腊罗马名人传》著称。

III
希腊文化的简要语法

现在所宣称的这个标题过于狂妄了。我原本预期自己能够在超过一年的时间里断断续续地展开研究,研究的内容包括收集数量众多的原始材料,甚至收集到更具历史性的对这些材料的学术评论,随后在此基础上对希腊文化的典型特征做出清楚明了而又简明扼要的叙述,而且,这一叙述本应该会让我自己满意,更不用说你们了。但是,对于我在这个预期上所表露出来的 *hybris*(傲慢),我感到内疚。不过,正如莫里斯·博拉[1]爵士最近写道:

---

[1] 莫里斯·博拉(Maurice Bowra,1898—1971),英国古典学者,曾任牛津大学副校长。

不能简单地说，希腊人的一切既是新的又是真实的，但是在很大程度上，人们渴望学者们应该时不时地尽量本着现代经验来重新评价他们的成就并询问与我们最相关的是什么。

应该说点什么作为序言，至少提出一些有用的注解。

首先，存在一些理论前提。使用"语法"(grammar)这一术语出于以下两个原因。其一，是为了提醒大家，这个观念上的计划直接源自最近有关文化的语言学方面的研究。其二，是因为我认为在一个语法系统或者一个音位系统中存在比较少量的基本原则，而且，这些基本原则的影响也许能在范围广泛的内容当中发现。正如英国生物学家杨恩[2]最近写道："每个人类社会通常都有一些核心模范作为其系统的标准"(1951, p.153)。文化研究者必须做语言学家们已经完成的事情，并且确认那些界定每种文化本质特征的重要结构点。语言的语法功能是为了控制言语的随意使用，所以没有任何不必要的交流沟通的拥塞。每种文化的"语法"都同样地提供了必须的最低限度的规律。所有语法都限制了随意使用的自由度并且控制了可能的选择。人类学家肯定是对语言的整体感兴趣，他们将方言留给历史学家或者可能是心理学家去研究。鉴于在过去十年间完成的一些经验研究，倘若你能够分离出10个或20个语干原则，那么在它们的分等级组合上这些原则或许会区分出这一文化的结构，有

---

[2] 杨恩(John Zachary Young, 1907—1997)，英国皇家学院院士，生物学家。又译杨、杨格。

可能每种文化的独特本质能够被界定得相当不错。

第二个假设是文化结构的关键在这个意义上主要依赖三组相关的材料:

① 有关"事物的本质"的文化前提。

② 文化上的价值重点(value-emphases)。

③ 文化的某些独特范畴。

对于后者,我指的是卡尔·贝克尔[3]在《十八世纪哲学家的天国》(*The Heavenly City of the Eighteenth Century Philosophers*)中所写到的那些概念:

> 如果能够找到在任何时代都被当作知识秘密入口的诡秘小门,我们最好去寻找含义不确定且不太显眼的词语,这些词语获准从舌头或者笔端悄悄地滑出,既无所畏惧也缺乏研究;在不变的重复过程中已经失去了其隐喻性意义的词语,无意识地被误认为是客观现实……在每个时代,这些有魔力的词语都有自己的入口和出口。(1935,p.47)

这些观念未必是正在谈论的文化所独有的,但是它们是由那些难以翻译成其他语言的词语所指定的(比如,希腊语中的 *hamartia* [悲剧性的错误], *moira* [命运], *sophrosyne* [克制])。

对这些概念的审视可能极端有益,但是就目前的情况来看,我论述它们大体上是为了解释有关希腊文化的存在主义的以及

---

[3] 卡尔·贝克尔(Carl Becker,1873—1945),美国著名历史学家,曾任康奈尔大学教授、美国科学院院士。

评判性的假设,因为我相信这些假设会是独特范畴的隐含框架。我将特别关注价值重点,因为我确信,倘若文化最重要的事实是其在意义、语气以及目标上的可选择性,而且这些意义、语气以及目标来源于相当多样的在"客观世界"公开的可能性,那么对这种模仿选择的理解最容易也最彻底地来自对文化核心价值观的掌握。这并不是说存在主义的前提不重要,完全并非如此。价值观[4]的选择仅仅存在于由文化的参与者所认为的可能领域内,而且这一领域是由有关"事物的本质"的信仰来界定的。

　　首先,看起来有必要就这里使用的价值观说点什么。在最广泛的意义上,行为科学家们或许会有用地将价值观看作是抽象并且持久的标准,由一个个体和/或一个具体的群体通过超越一时半会的冲动来坚持这些标准。从心理学的角度来看,价值观可以被定义为由个人的或者文化上的标准所引起的动机那一面向,这一动机并不因一时的急需以及需要和基本欲望的满足而独自产生。当然,具体说来,价值观总是表现在个体的口头上或者运动行为中——包括**没有**言明的以及**没有**完成的行为。为了研究的目的,某些个人价值观是必须要关注的。尽管这些个人价值观一般来说只是特殊变体而已,来源于那些或许能抽象地归属于某个群体、某种文化或亚文化的价值观。然而,并不是文化上受重视的一切构成了某种价值观,而仅仅是在普遍性的最高层次上,这些原则构成了一种价值观,从这些原则里会衍生出更多评价的具体规范以及法令。从现在开始我只会处理这个

---

[4] 译者将 values 译为"价值观",将 value 译为"价值"。

意义上的文化价值观。

一种价值观指向经验的选择性倾向,暗含着深切的承诺或者否认,影响了在实际行动中"可能选择"的次序。这些倾向是可以被认知的,或者能在口头上被表达出来,或者仅仅能从行为的周期性趋势当中被推断出来(行为科学家们所进行的价值观研究的优势之一,就在于价值观是从明确领域中被抽取出来的)。尽管受生理上的需要以及社会的需要支配,但价值观就其特定的形式而言是专制而又传统的。价值观与自然相关并且依赖于自然,但是"本质上"它们的方式并不相同,比如说像质量和能量那样。特别说来,文化价值观(既包括逐一地[*seriatim*]也包括更多文化上的特定组合)有助于在文化上对这种情况下定义的程度,与每种文化的存在主义信仰所做的一样多。

由一种价值观或者多种价值观所决定的行为构成了一类优先行为。但是这样的行为属于被个体所认同的群体视作"可取"或者"不可取"的范畴,而不是属于一个人完全渴望或者不渴望的行为范畴。价值观总是暗含着冲突或张力。单独的渴望并不能构成一种价值观;可以说,这种渴望必须被批评和比较。诚然在聪明的或者幸运的个体的生活经验中,有时渴望的和可取的这两个范畴是融合在一起的。孔子曾说一句名言:"在我年老时,我发现自己必须做的都是自己想做的,而且我想做的都是必须做的。"[5]尽管如此,内省和观察都竭力告诉我们渴望的和可取的区域并不总是——甚至也不经常是——边界相同。

行为科学家们有时没有注意到这种情况。当我与临床心理学家们讨论时,他们经常说:"啊,是的,我知道你说的'价值观',它就是我们称为'需要'或者'投注'(cathexis)的东西。"而且实验心理学家们也同样评论说:"那就是我们称作'内驱力'的东西。"如果这种等同的概念也足以说明我们的材料,那么我们应该——根据奥卡姆的剃刀原理(Occam's razor)——简单地放下"价值观"这一术语。然而它是个从一般经验中归纳出来的那一刻发生在生物有机体上的行为,有时我们大家行为表现的方式,整体上或部分地,与我们的"愿望"或者"渴望"相悖。价值要素(value-element)的存在或许会把渴望的变成不渴望的,或者变成模棱两可的。被轻视的活动经常是全神贯注的,投注就是一种冲动,一种价值观或者多种价值观按照一个群体所定义的更宽泛或更持久的好事的方式来抑制冲动或对之因势利导。

那么,价值观是对构想出积极或消极的行动承诺、一套层级有序的规定与禁止的设想(images)。在没有价值观等级体系的情况下,人类的行为可能以一列本能以及一种微积分的概率来进行描述。人类的生活将变成一系列对未经配置过的各种刺激的反应。价值观是将个体对他的愿望与需要的满足复杂化的标

---

[5] 英文原文为"In my old age I found that I had to do what I wanted to do and wanted to do what I had to do",应该是"七十而从心所欲,不逾矩"的意译。

准。在不同的文化中价值观所采取的形式是不同的,它们往往始终如一而又坚韧不拔地坚持,而且它们并不仅仅是相互矛盾的人类欲望的随机结果。

在他们针对文化的某一方面所进行的高雅分析中,语言学家们已经发现设置一系列有所区别的对比或对立是极为有用的,这一设置通常是成双成对的,有助于识别出每一个单独的音素(某种语言中相互区别的语音类别)。一"大块"或一"大捆"这样的"突出特征"就是一个音素。这个过程最简单的形式就像是"二十问游戏"的专业版本。一个人可能这样问:"这个音素是元音吗?是或不是?"在俄罗斯语中,只要问 11 个这样的问题就能一一辨别出每个音素。而在法语音素系统中,有如下这些二元对立:元音—辅音、鼻音—腔音、饱和音—稀释音(saturated-diluted)、钝音—锐音、舌肌紧张音—舌肌放松音以及连续音—中断音。尽管特殊的原则或者突出的特征与它们的混合在音素系统中各不相同,但各种已知语言所利用的对立的总数并没有超过 20 个,而且已经被识别出来的大概也只有 12 个。

有理由猜想在文化的其他方面,类似的方式将产生好的结果,包括文化价值观在内。人性与人类的处境是这样的,以致关于价值观存在一些基本的问题,所有的文化都在这一价值观之下采取了某一立场,不管是明确的还是隐含的。就拿语言来说,焦点或结构要点在很大程度上是由限制提供的,而潜在可能性是由物质世界、人类生物学以及社会需求决定的。对语言来说,声波的特性、有关发音器官的解剖学与生理学,以及社会的(交谈的)需要限制了变化的范围。至于价值观,像对外部环境的依赖、出生与死亡以及社会关联这样一些不可避免的事实使得价值观的"可能选择"在这些领域舍此无他。在这里,选择的地点(locus),甚至准确地说,在每个不受控制的点上可能选择的地点也是不可避免的。正如所有的音素系统包括了鼻音、停顿和齿擦音那样,所有的价值系统在一组可描述的选择性范围内将自身的重点放在如与自然、与其他个体以及与自身的理想的关系之上。价值—文化的实体并不具有一个简单物理事件的要么全有要么全无的(all-or-none)特点,就像从语言文化中找到音素那样。更准确地说,它们大体上似乎具有在文化中占主导作用的重点或强调的特征。即便在这里也是存在对比的。毕竟,一种语言或者一个音素系统是一种高度抽象的秩序。具体说来,每个人的言语都是一种个人特有的方言(idiodialect),甚至这种变异也随时间和场景的变化而变化。同样地,一些个体或者群体可能会接受这些变体而不是接受主流的文化价值观。他们可能会拒绝一些或者许多核心文化。无论是主流还是变体,对于他们确实接受的这些价值观而言,每个个体给出的某种解释以及色调或多或少都是私人的。然而,对于语言和价值观共同的抽象要素来说,这仍然是有意义的。

　　这就是我对希腊文化想做的尝试。我应该专注于赫拉克利特所考虑的"现实":正是在不同的思想中存在重叠的东西。我们全都知道,在荷马与亚里士多德之间,希腊思想与希腊价值观出现过重大的转变。不过,其中还是存在许多连续。对于任何文化我们都必须说：**万变不离其宗**（*plus ça change, plus c'est la même chose*）。否则我们就不应该论及一种真正的文化。无论何时，只要存在意义重大的不连续——尤其是在价值结构中——我们都必须提到其他文化。但是从古希腊—罗马（Graeco-Roman antiquity）到今日，从荷马时期至少直到希腊化时期，希腊人的生活方式已被公认为是一个实体，忽略掉了所有的内部变化。在这里，我想要讨论其中的主流以及大体上持续的部分。其他的意图则在于，变体——正如在时代与时代之间、地区与地区之间、作者与作者之间——很可能值得我们感兴趣。

最近几年，我自己和学生们在根据一套二元对立原则构建文化概貌方面已经做了大量的实验。顺便提一句，这种方式——像其他许多逻辑推理技术一样——能够回溯到古希腊、回溯到赫拉克利特的"对立统一"以及《两论》（*dissoi logoi*），也能回溯到巴门尼德[6]以及普罗泰格拉的"双重论证"。所使用的特定对比首先是从研究哲学以及人类学文献中获得的，其次通过一系列连续的近似值来进行修正，由此产生了我们的实证经验。这些配对在本体论上的地位不是真正的二分而是两极维度。两个部分的对立并不是像一个在经验上排斥掉另一个的存在那样形成的。这或多或少是一个重点的支配问题。这是一个优先要做的事情的系统——而不是一个全有或全无的范畴系

---

[6] 巴门尼德（Parmenides），古希腊哲学家，前苏格拉底哲学家中最有代表性的人物之一。

统。与维特根斯坦[7]的"原子命题"相反,在那里人们必须要么说"是",要么说"不是",但在这里评判者决定"秤砣这边下垂得比那边多"。在希腊材料中有一处,我们被迫得出结论说秤砣大致上是平衡的。时间不允许我论述自己与合作者一直在研究的全部13对配对。我只能用自己觉得在希腊事例中特别重要的一些对比来进行阐释。

"确定"vs."不确定"。赋予宇宙中的规律(合法性)以优先权,这一规律与偶然或者神的心血来潮形成对照,而确定与不确定这一对比由该优先权决定。这里在我看来,希腊文化明显处在"确定的"这一极上。伊俄卡斯忒[8]可以说:"偶然控制着我们。"亚里士多德勉强承认,但显然他并不喜欢不确定事件的范畴。但正如多兹所评论的,直到希腊化时代,对偶然之神的崇拜才实现全面普及。许多学者都曾在艾奥尼亚的哲学家—物理学家们(philosopher-physicists)或者悲剧作家们那里找到有关科学观的第一条陈述:一个合法而又有序的世界。实际上,就算对荷马来说,也不存在任何"意外"。对他来说,就像对弗洛伊德一样,一切不知怎么的都是确定的。在后来的希腊文化中出现了两种决定论,尽管通常融入了具体的情况。一方面存在埃斯库罗斯所说的"缠在毁灭(ate)无法可解的罗网里";另一方面则是艾奥尼亚人自然主义的规则。(据多兹观察,在埃斯库罗斯时

---

[7] 维特根斯坦(Wittgenstein,1889—1951),英国哲学家,语言哲学的奠基人。
[8] 伊俄卡斯忒(Jocasta),希腊神话中的一位悲剧性的妇女,忒拜国王拉伊俄斯之妻,俄狄浦斯的母亲,后又成为俄狄浦斯的妻子。

代,比起主流雅典人,主要的艾奥尼亚人更加超脱于超自然主义。)但这两者都是"事物无情活动"的形式。

"一元"vs."多元"。包括人类生命在内的世界被认为是一个单行道,还是被分割为两个或多个普遍存在不同原则的领域呢?初看起来,这个对照似乎是第一个对照的特殊情况。当然,在决定论的重点占主导的地方有可能找到一元的重点,在逻辑上这似乎是可能发生的事情。但是也存在无数的"机械论的"文化的实例,这些文化不仅仅将人们熟知的"神圣与世俗"、"身与心"二元论展现为更大整体的范畴,而是展现为全部各自分开的王国,这些王国是由明确的"法则"进行治理的,并且其中某一王国被理解为比另一王国更加持久也更优越。

关于这一点,我承认自己对希腊的有关证据的估计显然毫无把握。你可以争辩说"凡人—永生不朽者"构成了一个清楚明了的分裂王国。"认识自己"(Know Thyself)原本的意思确实是:"记住,你只是个凡人",而且沿着同一条脉络,你能集合大量额外的文件资料。然而,作为一个人类学家,它让我觉得希腊文化在人类与神灵范畴之间隔阂的可渗透性比起我所熟悉的大部分文化来说强得多。正如索福克勒斯所说:

> 人们会说你生前和死时都与天神同命,那也是莫大的光荣!(《安提戈涅》[*Antigone*],836—838)

众神也不只是人形的(anthropomorphic)。除了少数细节之外,在所有方面他们都像人类一样谈话、推理以及行为。此外,他们时常进入人类世界并使凡人变成神灵。一些存在物的身份如此模棱两可以至于现代学者谈及他们时称之为"半神"(demi-gods),关于这些人有一个很长的列表。为了维持平衡,我得坚持将砝码相当明确地朝"单一的"这端调整。艾奥尼亚以及西西里岛的哲学家都带着铤而走险的信念寻找单一原则或本质,认为一切现象最终衍生自水或者火,或者数字。赫拉克利特的"万物皆变;无物永驻",终究是一份对无止境地延续的宣言,而且他的"对立造成和谐,如长笛与里拉琴"是对统一的断言。他的宇宙仍然是充满了张力的一个统一体。我们都知道,德谟克利特将事件难以言表的丰富面向还原为终极粒子(ultimate particles,原子)以及纯粹的几何影像。而且,在其大部分优美而又卓越的残篇中,有一个残篇就以动人的方式否认了现象世界与最终的科学实在之间任何的二元性:

> 甜是从俗约定的,苦是从俗约定的,实际上只有原子和虚空。用感官来反驳:可怜的理性,在把你的论证给予我们之后,你又想打击我们?你的胜利就是你的失败。

你根本无法将这个问题说得更简略明了。不,我认为相信必然规律的希腊人既是超自然的又是自然的,他们具有一个深刻的一元观念,这个观念是关于宇宙以及在其中的经验的。

"**人类**"vs."**超自然物**"。希腊的重点是放在人身上的,有关这方面的证据是压倒性的。犹太人(Jews)视正义(righteousness)为至上美德。基督徒将上帝所悦之事当作至善(highest good)。希腊人并不是这样的。圣保罗[9]评论说,"对希腊人而言,基督似乎是愚蠢的,因为他们追求智慧"(人类的一种品质)。甚至直到公元前3世纪,在希腊语言中才出现意思是"上帝之爱"(love of God)的词语。

在其他文化中,放在超自然物上的重点是消极的——也就是说,对超自然力量的恐惧。希腊文化中并不是完全没有这种注解,而是通常被高傲的蔑视,即便人类在败给恶毒的超自然力之手时还是能够发出胜利的断言。

这并非用来表明,在希腊宗教是无足轻重的。我真正表明的是,宗教的信仰与实践被看作是为了人的利益而非为了众神的利益。我想我们或许可以将之当成希腊人更加个人化更加深刻的宗教需要,这些需要可以在厄硫西斯(Eleusis)[10]以及萨摩色雷斯(Samothrace)的秘密宗教仪式,或者在狄奥尼索斯派、俄耳甫斯派以及毕达哥拉斯学派中实现其完全满足。作为官方以及公开的崇拜,它们被用来固守社会结构。你不应该公开地犯宗教上的罪过(transgressions),而是必须参与官方崇拜仪式。信仰并不是一场测试。没有什么异教徒或者持不同意见者(dissenters)。外乡人可以通过他们自己的宗教仪式完全自由地崇拜他们的神祇。如果一位*希腊人*否认希腊众神的*存在*,这至少可以被看作是社会制裁的一个托词。但请注意,我们所知道

---

[9] 圣保罗(Saint Paul,3—67),十二使徒之一,亦称使徒保罗。
[10] 厄硫西斯的秘密宗教仪式,是古希腊时期位于厄硫西斯的一个秘密教派的年度入会仪式,这个教派崇拜得墨忒耳和珀耳塞福涅。

的曾举行的大部分审判都发生在自伯罗奔尼撒战争(Peloponnesian War)开始的一个30年间——当时雅典社会的团结已经明显受到威胁的一个时期。也要注意,驱逐阿那克萨戈拉是为了打击伯利克里而计划的,而且处死苏格拉底更多是受社会政治目的所驱使,而非严格地宗教目的。

在这里,我并不想被看作是在说教。我很清楚赫西俄德、品达以及其他作者看上去都很虔诚。我知道柏拉图在《法律篇》中说的"万物的尺度是神"。但是我也回想起在《蒂迈欧篇》(*Timaeus*)中,柏拉图评论说"伟大的神"是难以找到的,也是不可能向大众解释的。你当然能用记载来证明这一观点,即希腊人所宣称的众神与人生活在一个单一世界中,最终归属于一个单一种族,而且成就人并使之处于最佳状态的原因来自于众神。在其最近的著作《人文主义》(*Humanism*)中,哈达斯[11]教授坚称希腊人为众神与人的关系设计出了一个站得住脚的系统,而且通过这个系统,能够赋予人类他们自己的意图,并且他们自身的尊严随之而来,哈达斯或许是对的。

大部分希腊人——显然是在最初的几个世纪里——相信众神的力量。这是无可争辩的。我确信当埃斯库罗斯在《乞援人》中说:"单独与宙斯在一起,思想、语言和行为是一体的",他是在为那个时代的文化辩护。不过,无论神灵及其力量被怎样设想,强调的东西却永远在人身上。这反映在苏格拉底轻松愉

---

[11] 哈达斯(Moses Hadas,1900—1966),美国著名古典学家,曾任教于哥伦比亚大学。

快地将宇宙描述为为了使人高兴而创造出来的这一观点上。阳光照耀就给了人以光;月亮和星星为了人的福利而标记时间与季节。一位反对者评论说动物们也享受到了这些福利,苏格拉底反驳他说,创造出动物也是为了服务于人。它也以一个不同的方式但同样地反映在人类对众神无所畏惧的挑战上。记住,这在人类的文化历史上还相当早。我没有听说过类似的文化,其中出现了如此之多对神祇以及传统宗教的公开顶嘴。我已经引用过色诺芬尼和赫拉克利特。你也可以引忒奥格尼斯[12]以及希罗多德的《宙斯》(Zeu, thaumadzute)为例:"希腊人谈过许多没有适当调查的话;在这些话当中,有关于赫拉克勒斯[13]的一段荒唐无稽的神话。"修昔底德说,瘟疫期间"在神庙中祈祷,询问神谶,诸如此类的办法,都无用处"。至于更晚近的时间,你可以提到琉善[14]的与宙斯的对话集(catechism)。

不过,我想没必要将这个目录过度地延伸下去。关于这一点,我将依赖于自己多年来持续收集的有关"幸福"的希腊陈述的例子。人们有时候会遇到这种观念,即认为幸福是衍生自众神的。梭伦[15]在其"向缪斯祈祷"(Prayer to the Muses[16])中

---

[12] 忒奥格尼斯(Theognis),古希腊诉歌诗人,约生活于公元前6世纪,又译色奥格尼斯。
[13] 赫拉克勒斯(Heracles),希腊神话中的英雄,是宙斯和阿尔克墨涅的儿子。
[14] 琉善(Lucian,约公元125年—公元180年),罗马帝国时代的希腊语讽刺作家。
[15] 梭伦(Solon,公元前638年—公元前559年),古代雅典的政治家、诗人,古希腊七贤之一。
[16] 又译"缪斯赞"。

说:"让我随时从幸运诸神那里获得好运吧,也让我在人们中享有可敬的名声吧。"但要注意第二个分句的并置。色诺芬的《经济论》(*Economics*[17])中,Techomachus(伊斯霍马霍斯?)认为这些都是祈祷的主题:健康、体力、在城邦的好名声、与朋友的友好关系、在战争中安全而不受伤害以及财富的积累。不过请你注意,这里祈求的每一条祝福都是凡人的,而且是世俗的!我所发现的大部分定义完全是人文主义的。这个描述完全是按照人类的状况来进行的,而非以通过与神祇沟通、愉悦众神或者来生的欢乐构想出的幸福来展开的。正如希罗多德所引用的,梭伦说"被称为幸福"的人是"他的身体不会残废,他不会生病,他不会遇祸,有好孩子,又总是心情愉快的"。亚里士多德的"幸福"完全是世俗的:

> 与美德结合在一起的顺境;或自足的生活;或与安全结合在一起的最愉快生活;或财产丰富,奴隶众多,并能加以保护和利用;因为据说所有人都同意幸福是这些事情中的一件或多件。如果幸福就是这种事情,那么它的组成部分必然是:高贵出身、拥有许多朋友、财富、拥有好儿女、多儿女、快乐的老年;还有身体上的优点,如健康、漂亮、强壮、高大、参加竞技的能力;还有好名声、荣誉、好运、美德。一个人具有这些内在的和外在的好东西,就算完全自足,因为在

---

[17] 又译《家政论》,而且似乎"家政"更合乎原意,这里采用商务版本已经出版的书名译法。书中出现的人名为伊斯霍马霍斯,克拉克洪提到的Techomachus,不清楚是否指伊斯霍马霍斯。

这些之外就没有其他了。(《修辞学》[*Rhetoric*],1360B;tr. Jebb)

"邪恶"vs."良善"。各种文化惯常具有无生命性、超自然物以及人性的属性,这些属性是被肯定的或否定的。自然是凶恶的,同时又是仁慈的;超自然或许能被有效地抚慰,也许不能;而人性则基本上是善良或凶恶的。的确,这些判断通常是以混合或有限制的形式出现的,但常常是一极或另一极引人注目。在希腊文化的事例里,这看起来是明确的。在希腊人生活的全部爱好之外,具有一种继续不断的特征,包括必死的忧郁、对超自然世界的冷漠或凶恶的恐惧以及对其他人类的凶恶的恐惧,因此对他们的动机产生了怀疑——正如罗宾逊教授以及其他人曾指出的那样。我们只需要回想起一些虽然很熟悉但具代表性的引文:

> 一个人最好是不要出生。(索福克勒斯,《俄狄浦斯在科罗诺斯》[*Oedipus at Colonus*])

> 不要说一个凡人是幸福的。(索福克勒斯,《俄狄浦斯王》[*Oedipus the King*])

> 因为神常常会让许多人瞥见幸福的影子,随后又把他们推上了毁灭的深渊。(希罗多德)

> 所有人类的命运都充满恐惧以及对好运总是被厄运追随的极大危险。处于麻烦之外的人应该意识到危险;当一个人自在地生活着,那么也就是他应该更紧密地留心自己

的生命,以免毁灭偷偷地降临。(索福克勒斯,《菲罗克忒忒斯》[*Philoctetes*])

因此,既然神是善者,它也就不会像很多人所说的那样,是一切事物的原因。对人类来说,神只是少数几种事物的原因,而不是多数事物的原因。我们人世上好的事物比起坏的事物少得多,而好事物的原因只能是神。至于坏事物的原因,必须我们到别处去找,不能在神那里找。(柏拉图,《理想国》)

看起来希腊人的观念可以如此概括:虽然我们安排自己生活的框架能给予我们幸福的某些景象,虽然最终给予了神的公正裁决,显然这是一个天真之人常常遭受苦难而邪恶之人却常常获得成功的世界。充其量,公正和法律是抽象的,毫不尊重特定的个人,此外,这些个人在一定程度上任由力量和机会控制。而且,就超自然世界而言,惠特曼令人信服地——至少对我来说是这样——认为索福克勒斯已经给出了痛苦的暗示,暗含了对诸神所信仰的东西、在他们涉及人的活动中呈现出来的东西,这些暗示是如此的不协调,因为这个世界的确充满着邪恶与悲剧,是一个并不受制于简单的道德规则的世界。人们或许高贵地活着,却没有任何终极目的。

"**个人**"vs."**群体**"。希腊人自己以及从远古时代到如今对希腊文化的所有观察者和分析者,几乎全体一致地得出最终分析,认为希腊人所依赖的正是个人。当然,一个人对家庭、世系、区镇(deme)以及部落有责任,而且在随后的几个世纪里,他对城邦(the polis)也有责任。并且存在着宗教性的以及世俗性的制裁,强加在那些逃避责任的人身上。或许得承认,关于个人主义以及对国家的,在公元前5世纪与公元前4世纪之间存在显著不同,在其他的时代之间也有各种变体。但希腊的个人多半只能勉强地认为自己是用以达成某些集体目的的手段。在荷马那里出现了大量的个人主义——事实上是好出风头的个人主义。而且如果说《奥瑞斯特斯三部曲》是一部城邦的抽象公正战胜了部落"以眼还眼、以牙还牙"的习俗的赞歌的话,那么《安提戈涅》则是一种宏伟的论断,断言个人有责任坚持一些权利,甚至是违反正确地形成的权威。在《斐利布斯篇》(Philebus, 60B)中,苏格拉底赞扬 autarky(self-sufficiency,自给自足),将之当作 finis bonorum(恶的终点),安提西尼[18]以及许多伊壁鸠鲁学派和斯多葛学派的哲学家都持同一观点。亚里士多德——至少在《政治学》中——基于它会使人变得反社会并且这也违反了人的本性这样的理由而反对这种观点。但亚里士多德的目标在于,在一段混乱的时期内或在一段混乱的时期以后,实现政治的稳定。当然,主流希腊人的看法是国家为了个人而存在,而非相反的情况,这是毋庸置疑的。许多希腊人远远超出了 autarky(自给自足),他们谈到了 authadeia(高傲自大),这是一种任性的独立的特别品质,它使人不屈服于命运,并且让人冷酷而又自

---

[18] 安提西尼(Antisthenes,公元前445年—公元前365年),古希腊哲学家,苏格拉底的弟子之一。

豪地谈论。Authadeia（高傲自大）是阿伽门农[19]、克吕泰涅斯特拉[20]、埃阿斯[21]、普罗米修斯、安提戈涅以及其他无数悲剧人物的突出品质。

"自我"vs."他者"。这一二分涉及处在利己主义和利他主义相关联的重点。这里的"他者"在于其他个人，而非各种各样的团结的集体。比如说，忠诚与奉献——以某些自我的利益为代价——是被命令指向妻子、儿女以及其他作为人的亲属的，而非指向作为家庭实体的一些亲属。或者，在其他一些文化中，这一重点或许是直接首要地指向朋友的，指向职业的或仪式的联合，指向一位神灵或者众神的。不管怎样，自我的需要或高于或低于他者（作为个人的人格）的需要。把希腊人放在"自我"这一维度是毫不迟疑的。忠诚于朋友、领导，以及通常忠诚于父母和其他亲属已经被记录下来，但是你得加以区分，例如斯巴达人与底比斯配对"情侣"（Theban Pairs）之间的张力，亦或是萨福[22]所区分的浪漫的爱恋与谦卑的爱恋的迹象。甚至萨福的爱看起来也是以自我为中心的。而且在德摩比勒隘口（Thermopylae，温泉关）的纪念碑上刻着"过客啊，请带话给斯巴达人，说我们踏实地履行了诺言，长眠在这里"，这里的队伍是将自身献祭给国家，而不是献给他们自己的朋友的。在《会饮篇》

---

[19] 阿伽门农（Agamemnon），希腊神话中的迈锡尼王。
[20] 克吕泰涅斯特拉（Clytemnestra），希腊神话中阿伽门农的妻子，她和情人埃吉斯托斯一起谋杀了阿伽门农。
[21] 埃阿斯（Ajax），特洛伊战争中的英雄，是忒拉蒙和厄里斯珀之子。
[22] 萨福（Sappho，约公元前630或612年—公元前592或560年），古希腊著名女抒情诗人。

(Symposium)之外,希腊人的友谊主要是有利害关系的而非公正无偏的:"与我一起饮酒,与我一起年轻,与我一起戴上花环。"而且重复地回答"为什么要生养孩子"这个问题,你得到的答复是:"为了我老年时有人赡养。"在希腊文化中很难找到基督徒意义上的利他主义。

"自由"vs."束缚"。这一对照显然与"确定"—"不确定"这两极分化相关,但绝不是恰好与其外延相同。比起其他事物,这一配对仅仅适用于人类领域。正如在《理想国》中所讨论的,个人能够在他将过的各种生活中做出选择吗?在什么程度上,他对自己行为要负道德责任?无可否认,希腊事例中的证据是负责的,但是不理会与频繁表达的观点相关的问题相当错误,这个观点即主流希腊人的生命观,将人完全放置在任一不可避免的必然或者"命运"摆布的位置上。格林在其著作《莫伊拉》(*Moira*)中已经概括了如下传统观念。人类的错误(*hamartia*,**悲剧性的错误**)导致了不可避免的后果。如果兴旺繁荣(*olbos*,**幸福**)或者过度感(*koros*,**足食、过饱**)怂恿一个人去做过度的行为(*hybris*,**傲慢**),他将会遭到报应(*nemesis*,**报应**)。确实,某些更早的希腊人认定,除了任何不端行为之外,只有兴旺繁荣或许会使人毁灭(*ate*,**毁灭**),因为它引起了众神的嫉妒(*phthonos*,**嫉妒**)。赫西俄德使得毁灭(*ate*,**毁灭**)成为傲慢(*hybris*,**傲慢**)的惩罚,并津津有味地评论说甚至是贵族也无法逃脱。

现在引用一些可以支持这种图式化(schematization)的段落倒是不难,然而从一些作者比如说赫西俄德与希罗多德那里引用比起其他人要更简单些。毫无疑问,希腊人感觉到在宇宙中以及在人类经验里都存在受自然规律支配的秩序。他们相当清楚有些事情是 *adunata*,"不可能的"。*to pepromene* 这一短语在希腊悲剧中出现得非常频繁,指的是 *a fait accompli*(既成事实),一些无法不被完成的事情。在希腊著作中,存在对男子气概忍耐苦难的赞美。忍受与放弃——甚至过默默无闻的生活都是口号。希腊人已经大量而又深刻地意识到了必要性。阿伽门农在奥利斯(Aulis)将他的女儿伊菲革涅亚作祭品献祭之前,他评论说:"我主动承担了必要性的缰绳"。这一评论具有典型的希腊特色。

以上所有都是相当正确的。但这还不是全部的故事。我相信误解已经造成了,通常是无意识地,现代作者坚持强迫将希腊思想纳入自由意志决定论的法则里。这是非希腊的。我并不相信,哪一个古代希腊人曾经恰好思考过这些术语。不管怎样,所谓的这个问题对我来说似乎是个假问题,除非可能是关于纯粹形而上学的问题。从心理学的视角来看,"我能做出选择"的命题与"我觉得我必须做出选择,仿佛选择并不总是幻觉"的命题是相等的。最真诚的以及彻底的决定论者在他的个人生活中仍然必须经历"决定"的心理学上的痛苦。

离开希腊人的立场——实际上,如许多学者曾做的那样——对命运的线路或者难以平息的必要性的立场,就是忽略掉最有希腊人特色的东西。有以下三点:

1. 希腊人确信他们能够在两者择一中做出理性的考

察与决定。

2. 他们有能力抗议并反抗不公正。

3. 人们在道德上是负有责任的。

对第一点来说,柏拉图和亚里士多德是最璀璨的见证者。我必须提醒你仅仅想起一个引文,对那些十分熟悉这句引文的人来说它还是辉煌的:"不加以检讨的人生不值得活。"如惠特曼所说:

> 任何个人都潜在地具有对公正、神圣与政治的有效洞察力,这种信仰是雅典人特有的。这些洞察力是美德(*arete*)的一种,这种美德特别适用于公民。(1951, p. 87)

随之而来的是,希腊人在裁判并谴责自身的、其他人的以及国家的邪恶时感到自由。他们并非如此天真以至于都没有意识到这并不是尽善尽美的世界。他们相当了解天真之人常常遭受苦难而邪恶之人却常常获得成功。但是他们保留道德判断的珍贵自由。普罗米修斯是文学作品中第一个伟大的反抗。亚当和夏娃做出了违抗但并不是反抗。希腊人在天性上以及在理性上找到了充分的正当理由来藐视人类制定的法律,并且抗议神圣的裁决。希腊人的态度与埃德娜·文森特·默蕾[23]所表达的没什么不同:

我知。我明。我了。

---

[23] 埃德娜·文森特·默蕾(Edna St. Vincent Millay, 1892—1950),又译米莱,美国女诗人和戏剧家。

但我不赞同,也不甘心。

而且,和那些已经深刻意识到必要性的其他人一样,承认一些事情的无可避免并没有让希腊人对道德责任视而不见。我认为 *hamartia*(悲剧性的错误)这个词在这里带来了一些麻烦。许多作家,理查德·利文斯通[24]爵士就是其中一位,都曾过于依赖这个词的词源学——利文斯通建议说,它是一个来自箭术的隐喻,意思仅仅是"错失了目标"。他坚持认为它绝不是一个精确的对犹太—基督教(Jewish-Christian)的"罪"的概念的反对,尽管在希腊文的《新约》(*the New Testament*)中 *hamartia*(悲剧性的错误)被用来翻译"罪"这个观念。的确,在不同的希腊作者那里,这个词的用法有时候让人迷惑不解。在《尼克马可伦理学》中,亚里士多德将不道德行为(wrong-doing)分成三类,其中之一就是 *hamartia*(悲剧性的错误),在这一段中,它翻译成英语就是"mistake"(错误)或者"trifling error"(琐碎的错误)。但是在《诗学》(*Poetics*)中他使用了相同的术语来指涉俄狄浦斯的弑父娶母行为。这里拜沃特[25]将之翻译为"human frailty"(人性的脆弱)。苏格拉底将 *hamartia*(悲剧性的错误)定义为一种无知,但是他毕生的使命在于证明这种无知,道德观念的无知,本身就是一种 *hamartia*(悲剧性的错误)。

不管怎样,在一篇博士论文里,亨利·菲利普斯彻底地研究

---

[24] 理查德·利文斯通(Richard Livingstone,1880—1960),英国古典学者,教育家。
[25] 英格拉姆·拜沃特(Ingram Bywater,1840—1914),英国古典学家,曾翻译亚里士多德的《诗学》。

从荷马到梅南德[26]的主要希腊作者的文本中的这个词,展示了其根源(既包括名词性也包括动词性)的意义,这个词从指错失了一个特定目标或对象的物质上的感知而发展成用来描述因没有实现精神上的目标而有的"犯罪"(to err)感。然后他论证说,从荷马开始,这个词就被同一作家以两种意思在使用:一个是理智上的意思,另一个是道德上的意思。关于后者他指出英语中可能的类比:"wrong"(错误)= "crooked"(不老实)或者"bent"(贪污受贿)。他下结论说,事实上,希腊人并没有将道德上的严重冒犯当作是"裁判上的错误"而忽略不计。关于 hamartia(悲剧性的错误)我之所以不遗余力,只是因为太多希腊人并没有感到道德上的自由或道德责任这样的论点都以这个概念为基础。实际上,我们必须从其他许多证据线索中作总结了,这些证据是关于希腊人认为人是有某种自由的。我想,我有必要仅仅引用几个这样的证据。aitia(因)这个词原初的意思是指个人在法庭上对他的行为负有解释责任。阿里斯托芬在《云》(Clouds)以及其他地方抨击了智者学派,因为在他看来,他们鼓励人们"欣喜若狂,嘲笑世界,不为任何事感到耻辱"。欧里庇得斯经常被(我相信,是错误地)描绘成某种"颓废艺术家"的样子,他在自己戏剧的合唱歌曲中谴责那些对他们来说美德(arete)以及羞耻(aidos)仅仅是词语的人,那些"藐视法律来满足违法冲动"的人,那些试图 eu kakourgein,"做了错事却侥幸逃脱惩罚"

---

[26] 梅南德(Menander,公元前342年—公元前291年),古希腊新喜剧的代表作家之一。

的人。

不,在一些显著的以及具有希腊特色的意义上,希腊人坚持认为人应该是自由的而非被束缚的。这并不完全是某些基督徒思想家所认为的"自由意志"与"道德责任"的观念。然而,在符合自然规律的必要性的框架下,人具有某种程度上的自由,而且也确实是负有责任的。惠特曼将这些情感赋予希腊人:

> 我们越是紧密地在这个世界上寻找一个令人满意的公正,那么我们就越不可避免地被驱使走向幻灭并且承认公正与人同在而非与神同在;人比他所梦想的还要更具责任感,尽管是以一个不同的方式进行的;而且,或许人身上的这种品质就是一种神性。(1951, p. 21)

"纪律"vs."满足"。粗略地说,这就是露丝·本尼迪克特[27]的"日神型—酒神型"对比。这个问题是在安全与冒险、控制与扩张、"适应"文化与内部和谐之间产生的。这里我想希腊人的立场大概是在两种价值品质间达成相同的重量或者平衡。希腊人天生就是一个充满激情的民族。他们并不谈论 *meden agan*,"无物过度",因为放纵对他们来说毫无吸引力。恰好相反。他们鼓吹控制,因为他们见证了并且经历了放松的极大危险。然而狂欢而又神秘的宗教——对于这一点我们知之甚少——在希腊文化中保留了其显著的地位。参与者们——或许

---

[27] 露丝·本尼迪克特(Ruth Benedict, 1887—1948),美国著名女人类学家。

尤其是与世隔绝的烦闷的希腊妇女们——相信布莱克[28]所说的"通往过度的路也通向智慧的宫殿"。甚至苏格拉底也雄辩地谈起"疯狂的祝福"。柏拉图甚至同意说在伟大的酒神节上所有人都必须喝醉。

或许最终理想的人格是柏拉图早期对话集中出现的克己(self-controlled)而又恶魔似的人。不过随着历史的演化,在很大程度上偏向了纪律这一端。我们必须再一次转向在我看来这些困难而又经常被曲解的词语当中的一个:*sophrosyne*(克制)。罗宾逊教授将之翻译为"自制"(self-restraint)。欧里庇得斯的《希波吕托斯》(*Hippolytus*)中,它的意思是特别的贞洁(chastity)。在荷马那里只找到一个同源词,而且还很少见。希腊大字典告诉我们,字面上这个词的意思是"心灵的健全或完整",并且给出了以下翻译:心灵健全(soundness of mind)、温和(moderation)、头脑清醒(good sense)、谨慎(prudence)、慎重(discretion)、克己(self-control)、节制(temperance)以及贞洁。这个词最初是在忒奥格尼斯那里发现的,也经常出现在修昔底德以及其他剧作家的作品当中。

毫无疑问,在公元前5世纪与公元前4世纪之间存在许多*sophrosyne*(克制)的规劝(exhortations),其中*sophrosyne*的含义是自制。结果连美德(*arete*)的意思有时候也变成为纪律;对激情的控制,对冲动生活的控制。希腊人通常将*sophrosyne*(克制)与*hybris*(傲慢)配成一对,后者原初的意思是"人身攻击与殴

---

[28] 布莱克(Blake),未详。

打",从未失去其身体暴力的弦外之音。这种过于自负的傲慢或目中无人或轻率鲁莽被宣告是超过了行为的适当界限,而且只能带来毁灭。但是自制是希腊价值中被积极珍视的还是被消极警告的呢?看起来大体上是后者。你肯定会完全同意惠特曼在其关于索福克勒斯的著作中所写的:

> 如果我们正要相信罪与罚的原则,那就是在长达 90 年的一生期间,在大约 120 部为了向雅典老于世故的人们证明主日学校(Sunday-school)的一个教诲而写的戏剧中,这种奇迹般的诗歌的启发与技巧起了作用,这个教诲是:谦逊些、当心些、那么你将会快乐。如果这就是全部,那么这更让人失望:这太通俗了。希腊的母亲们早在索福克勒斯之前就教诲她们的孩子要孝顺和 sophrosyne(克制)。不过索福克勒斯或许会承认这些价值观,但他并不是为了教诲他们而写作悲剧。事实上,尽管希腊人赞美这些特征,并且维护它们,但是还远远不能确定索福克勒斯或者他的任何一个同胞在多大程度上真正地承认它们。(1951, p. 37)

惠特曼进一步提醒我们,柏拉图这个古代最伟大的道德学家,将 sophrosyne(克制)当作是基本美德中最轻微的一个,而且在他的政体当中最适用于工匠。的确,在《高尔吉亚篇》中 sophrosyne(克制)是基本的美德,但是在《理想国》中又确切地指 dikaiosune,"公正"。柏拉图(《理想国》,430E)确实将 sophrosyne(克制)描述为喜怒无常的"和谐"倾向,但是他将之诬蔑为渴望理性的"克制"(subjugation)。秩序与克己的原则确实已经得以证实,但是它们被当作是附属的美德。

"现在"vs."过去"。在他们的时间观中,将时间当作不间断的连续统一体、由变动的当下所分割成的部分、同质的或者瞬间的,其中展现出的文化差异广泛而又重要。关于希腊观念可以说的有很多,而且有意思的著作也有很多,比如弗伦克尔[29]以及最近新西兰奥塔哥大学的桑顿斯[30]就是这样做的。荷马总是用 chronos(时间)来暗示一段时间,从未用它来指一个时间点,但是 chronos(时间)沿着这个方向发展却从未影响到我们的基本观念。当亚里士多德需要一个抽象观念时,他发现有必要谈及 to pote,"当时"(the when)。也存在 kairos(契机),时间的特定时刻。事实上对希腊人来说,固定不变的是自我:时间在他背后,然后他继续走在时间之前,成为他眼前可见的未来(比较 opisso 的用法),然而时间对我们来说却是被变动的当下所切割的。

但从价值观的角度来看,最重要的强调似乎是赋予作为与或者过去或者将来相对照的此时此地之上的。希腊人势不可挡地强调了"现在"。赫西俄德是个例外,还有其他一些人也是例外。不过,纵观古代希腊,这个主要趋势还是显著的。人们将它与必有一死的短暂时间的压迫感相联系。按照亚里士多德的说法,希腊人觉得人只是 pneuma kai skia,"一个气息与影子"。"时间就是万物之父",因此人们必须在时间逃走之前抓住这些

---

[29] 弗伦克尔(Fraenkel),未详。
[30] 桑顿斯(Thorntons),未详。

时刻。在忒奥格尼斯的话里:

> 年轻人,理解我的心吧,在它飞走之前。
> 无疑,不久其他人就会这样做,
> 但是我,一个尘世的傻瓜,将会躺进黑暗的大地之中。

索福克勒斯的启示也是对当下负有责任。修昔底德让雅典人依赖米洛斯岛人(Melians):"你们是唯一认为未来比当下更确定的人。"类似的思想在古典时代长期回响。普鲁塔克的祈祷词是"永不衰老的,你这美丽的阿芙洛狄忒"。对少数人诸如老年的俄狄浦斯来说,只有年老才能被平静接受,因为:

> 智者永远年轻;他们的思想
> 因与白天勇敢的光同在而得以维护。

再一次屈服于对神秘宗教我们只有碎片化的知识这一限制,可以说,希腊人坚定地强调此生而非来世。在荷马那里,几乎没有任何对死者的崇拜,而且除了在《奥德赛》的第11卷中篡改的部分,也不存在任何鬼魂。从公元前7世纪开始以及之后,出现了对超越此生的事物的兴趣,但是多半,希腊人乐意以这样的陈述而离开这个问题:"死是邪恶的:神也会去死。"(萨福)伯利克里在他著名的葬礼演讲中,除了他提到"记忆将是铭刻在人民心中的"之外,对无论怎样的不朽都不抱任何幻想。

因此我将希腊文化中的价值—重点的轮廓概述如下,这一概述是不完全的:

> 坚持存在主义的假设,即宇宙是确定的,而且是单

一的，
　　邪恶比良善更突出；
　相信个人具有自由的制度
　　而且在道德上是负有责任的；
　重视人类，将之与超自然相对立；
　　个人对立于群体；
　　自我相对于他者；
　　当下对立于过去也对立于将来；
　重视不同语境下的纪律与满足。

当然，这个"语法"是相当不完全的。我本应该至少还讨论三四对其他的价值配对：紧张相对于温和、一般相对于特殊（希罗多德）——罗宾逊先生所谓的"朝气蓬勃的"文化，"它正是西方人（也就是希腊人）将重点放置在不可捉摸的东西之上"。我同意罗宾逊先生说雅典人的精神或许仍然难以界定，但是也应该做出尝试（博拉）。而且我本应该展示核心价值观是如何适用于我们大部分人所认为的希腊文化更黑暗的一面上，比如妇女的地位、奴隶制，间或对其他人类凶狠残酷。不过我确实相信我所考虑的结构原则在它们与主题有关的联合上真正地构成了希腊文化的"典型特征"重要的一部分。

现在，最后让我不带任何严谨限制地说几句表达了希腊文化的全部特征的话，人类学家将之与其他许多文化相比时认为它是独特的。可以用几种方式来表达同样的思想，这些思想可以全部归结为同样的事物。通过希腊人的代表性词汇，你可以领会到这一点。比如欧里庇得斯将雅典荣誉描绘为"爱与智慧配对,产生了全部美德"。简而言之,这是人的英雄观念。希腊特有的对人类生活的观念正是人文主义的骄傲("我的希望对我来说并没有踏进恐惧的殿堂";"这是大海——谁能使其干涸?")观念,这在荷马那里已经部分地画出轮廓并有所预示了,从公元前 6 世纪开始就全面呈现出来了。希腊的人文主义明智而又正直地看待经验整体,寻觅亚里士多德所谓的"对美的拥有"的*美德*(*arete*),它拥有最好的高尚心灵以及胜利的平静,比如在索福克勒斯那里,神不能使之圣化,魔鬼也不能亵渎它。

当然,以修昔底德的措辞来说,希腊的遗产是一个 *ktema es aei*,"不朽的占有",在来世一切都将继续留存。

现代参考文献

第一讲

Adams, S. M.: *Sophocles the Playwright*. Toronto: University of Toronto Press. 1957. *The Phoenix*, Supplementary Vol. III.

Bachofen, J. J.: *Das Mutterrecht: Eine Untersuchung über die Gynaikokratie der alten Welt nach ihrer religiösen und rechtlichen Natur*. Stuttgart: Krais & Hoffmann. 1861.

Brown, Norman: *Hermes the Thief: The Evolution of a Myth*. Madison: University of Wisconsin Press. 1947.

Burn, A. R.: *The World of Hesiod: A Study of the Greek Middle Ages, c. 900—700 B. C.* London: K. Paul, Trench, Trubner & Co., Ltd. 1936.

Carpenter, Rhys: *Folk Tale, Fiction and Saga in the Homeric Epics*. Berkeley: University of California Press. 1946.

Dodds, E. R.: *The Greeks and the Irrational*. Berkeley: University of California Press. 1951.

Finley, M. I.: *The World of Odysseus*. New York: Viking Press. 1954.

Firth, Raymond W.: *Social Anthropology as Science and as Art*. Dunedin: University of Otago. 1958.

Fortes, Meyer: *Oedipus and Job in West African Religion*. Cambridge: University Press. 1959.

Frazer, Sir James George: *The Golden Bough*. 3rd ed., 1907—1915, in 12 volumes. London: Macmillan & Co.

——: *The New Golden Bough*. Ed. by Theodor H. Gaster. New York: Criterion Books. 1959.

Fustel de Coulanges, Numa Denis: *La Cité Antique: Étude sur le culte, le droit, les institutions de la Grèce et de Rome*. Paris: L. Hachette et Cie. 1864.

Harrison, Jane E.: *Themis: A Study of the Social Origins of Greek Religion*. Cambridge: University Press. 1912.

Hencken, H. O'Neill: *Indo-European Languages and Archaeology*. Menasha, Wisconsin: American Anthropological Association *Memoir* No. 84. 1955.

Kroeber, A. L.: *Configurations of Culture Growth*. Berkeley: University of California Press. 1944.

——: The Ancient Oikumene as a Historic Culture Aggregate. The Huxley Memorial Lecture for 1945. In *The Nature of Culture*, pp. 379—395. Chicago: University of Chicago Press. 1952.

——: Concluding Review in *An Appraisal of Anthropology Today*, Ed. by Sol Tax *et al.*, Chapter XX, pp. 357—376. Chicago: University of Chicago Press. 1953.

Lang, Andrew: *The Making of Religion*. London: Longmans, Green, and Co. 1898.

Lévi-Strauss, Claude: The Structural Study of Myths. *Journal of American Folklore*. Vol. 68, No. 270, pp. 428—444. 1955.

Little, Alan M. G.: *Myth and Society in Attic Drama*. New York: Columbia University Press. 1942.

Maine, Sir Henry S.: *Ancient Law*. London: John Murray. 1861.

Marett, R. R.: *Anthropology and the Classics*. Oxford: Clarendon Press. 1908.

McLennan, John F.: *Studies in Ancient History*. New York: Macmillan and Co. 1886.

Morgan, L. H.: *Ancient Society*. New York: Henry Holt & Company. 1877.

——: *Systems of Consanguinity and Affinity of the Human Family*. Washington, D. C.: Smithsonian Institution. 1870. *Smithsonian Contributions to Knowledge*, Vol. 17, art. 2.

Murray, Gilbert: *Five Stages of Greek Religion: Studies Based on a Course of Lectures Delivered in April 1912 at Columbia University*. Oxford: Clarendon Press. 1925.

Myres, Sir John L.: *Who Were the Greeks?* Berkeley: University of California Press. 1930.

Onians, R. B.: *The Origins of European Thought About the Body, the Mind, the Soul, the World, Time, and Fate: New Interpretations of Greek, Roman and Kindred Evidence, also of Some Basic Jewish and Christian Beliefs*. Cambridge: University Press. 1951.

——: Second edition. 1954.

Palmer, L. R.: *Achaeans and Indo-Europeans; An Inaugural Lecture, Delivered before the University of Oxford on 4 November 1954.* Oxford: Clarendon Press. 1955.

Ridgeway, Sir William: *The Origin of Tragedy with Special Reference to the Greek Tragedians.* Cambridge: University Press. 1910.

Rohde, Erwin: *Psyche: Seelencult und Unsterblichkeitsglaube der Griechen.* Tübingen & Leipzig: J. C. B. Mohr. 1903.

———: *Psyche: the Cult of Souls and Belief in Immortality among the Greeks.* London: K. Paul, Trench, Turbner & Co., Ltd. 1925.

Rose, H. J.: *Concerning Parallels.* The Frazer Lecture, 1934. Oxford: Clarendon Press. 1934.

Shorey, Paul: Review: *The Classical Tradition in Poetry, The Charles Eliot Norton Lectures.* By Gilbert Murray. Cambridge: Harvard University Press. Mimeographed copy. n. d.

Sikes, E. E.: *The Anthropology of the Greeks.* London: David Nutt. 1914.

Tax, Sol, et al.: *An Appraisal of Anthropology Today.* Chicago: University of Chicago Press. 1953.

Thomson, George D.: *Aeschylus and Athens: A study in the Social Origins of Drama.* London: Lawrence & Wishart, Ltd. 1941.

———: *Studies in Ancient Greek Society.* Volume I. London: Lawrence & Wishart. 1949.

Tylor, E. B.: *Anthropological Essays Presented to Edward Burnett Tylor in Honor of his 75th Birthday, Oct. 2, 1907,* by H. Balfour et al. Northcote W. Thomas, ed. Oxford: Clarendon Press. 1907.

Usener, Hermann K.: Mythologie. *Archiv für Religionswissenschaft*, Band 7, pp. 6—32. Leipzig: B. G. Teubner. 1904.

第二讲

Boas, George: Some Assumptions of Aristotle. *American Philosophical Society Transactions*. New Series, Vol. 40, Part 6. Philadelphia: The American Philosophical Society. 1959.

Dodds, E. R.: *The Greeks and the Irrational*. Berkeley: University of California Press. 1951.

Greene, William Chase: Platonism and Its Critics. *Harvard Studies in Classical Philology*, Vol. LXI, pp. 39—71. Cambridge. 1953.

Jaeger, Werner W.: *Paideia: The Ideals of Greek Culture*. Volume I. Translated by Gilbert Highet. New York: Oxford University Press. 1939.

Myres, Sir John L.: The Sigynnae of Herodotus: An Ethnological Problem of the Early Iron Age. *Anthropological Essays Presented to Edward Burnett Tylor, Oct. 2, 1907*. Northcote W. Thomas, ed. Oxford: Clarendon Press. 1907.

Robinson, Charles A., Jr.: *Athens in the Age of Pericles*. Norman: University of Oklahoma Press. 1959.

第三讲

Becker, Carl L.: *The Heavenly City of the Eighteenth Century Philosophers*. New Haven: Yale University Press. 1935.

Bowra, C. M.: Review: *Humanism: The Greek Ideal and Its Survival*, by Moses Hadas. *New York Times Book Review*, March 20, p. 16. 1960.

Friedmann, F. G., ed.: *The Peasant*: A Symposium Concerning the Peasant Way and View of Life. Number 7. Mimeographed. Fayetteville: Department of Philosophy, University of Arkansas. 1956.

Greene, William Chase: *Moira: Fate, Good and Evil, in Greek Thought.* Cambridge: Harvard University Press. 1944.

Hadas, Moses: *Humanism: The Greek Ideal and Its Survival.* New York: Harper & Bros. 1960.

Phillips, Henry, Jr. : *De vocis hamartia vi et usu apud scriptores Graecos usque ad annum CCC ante Christum natum.* Harvard University, Graduate School of Arts and Sciences: *Summaries of Theses... for the Degree of Doctor of Philosophy*, 1933, pp. 9—11. Cambridge. 1934.

Whitman, Cedric H. : *Sophocles: A Study of Heroic Humanism.* Cambridge: Harvard University Press. 1951.

Young, J. Z. : *Doubt and Certainty in Science: A Biologist's Reflections on the Brain.* Oxford: Clarendon Press. 1951.

索 引[1]

阿波罗尼亚的第欧根尼,Diogenes of Apollonia,33

阿格里琴托城邦的恩培多克勒,Empedocles of Agrigentum,32,33

阿基劳斯,Archelaus,32

阿里斯托芬,Aristophanes,62

阿那克萨戈拉,Anaxagoras,32,33,53

阿那克西曼德,Anaximander,29,31,32

阿斯克勒庇俄斯,Asclepius,18

埃拉托斯特尼,Eratosthenes,35

埃斯库罗斯,Aeschylus,20,29,31,34,35,51,54

艾略特,Eliot,8

安吉尔,Angel,14,15,21

---

[1] "索引"中出现的页码为原著英文版本页码,即译文的页边码。

索　引

安特斯提纳尔, Untersteiner, 38

安提斯泰尼, Antisthenes, 58

傲慢, *Hybris*, 43, 59, 64

奥尼恩斯, Onians, 13

巴霍芬, Bachofen, 9, 10, 11

巴门尼德, Parmenides, 50

柏拉图, Plato, 18, 19, 30, 34, 35, 38, 39, 40, 41, 54, 57, 60, 63, 64, 65

拜沃特, Bywater, 62

悲剧性的错误, *Hamartia*, 45, 59, 61, 62

贝克尔, Becker, 44

本尼迪克特, Benedict, 63

比较法, Comparative approach, 6, 8, 13, 15, 16, 17, 19, 30, 40

伯利克里, Pericles, 54, 66

博埃姆斯, Boemus, 23, 26

博厄斯, Boas, 4

博拉, Bowra, 43, 67

不理性, Non-rational, 8, 12, 14; 又见非理性, Irrational

不朽, Immortality, 5, 6, 7

布恩, Burn, 11

布莱克, Blake, 63

布朗, Brown, 16—17

布列根, Blegen, 4

柴尔德, Childe, 21

传播, Diffusion, 33, 42

达尔文, Darwin, 32

道金斯, Dawkins, 11

德·布罗斯, Brosses, de, 23

德谟克利特, Democritus, 32, 33, 52

狄奥弗拉斯图斯, Theophrastus, 30

地理学, Geography, 27, 34

地理学家, Geologists, 23

多兹, Dodds, 5, 17—20, 42, 50, 51

俄狄浦斯, Oedipus, 15, 16, 62, 66

恩格斯, Engels, 13

二元对立, Binary oppositions, 47—66; 又见语言学, Linguistics

法律, Law, laws, 10, 12, 13, 23, 37, 38, 39, 51, 52, 57, 59, 61, 62, 63

法则, *Nomos*, 33, 36

泛灵论, Animism, 5

非理性, Irrational, 8, 15, 17, 18, 20, 41, 42; 又见不理性, Non-rational

菲利普斯, Philipps, 62

芬利, Finley, 16

风俗, Customs, 4, 5, 9, 16, 17, 27, 28, 29, 30, 33, 34, 38, 57; 又见习俗, Manners

弗雷泽, Frazer, 7—9, 11, 12, 13, 15, 17, 20

弗伦克尔, Fraenkel, 65

弗洛伊德, Freud, 7, 8, 11, 41, 51

弗斯, Firth, 13, 15

伏尔泰, Voltaire, 23

福蒂斯, Fortes, 15

福勒, Fowler, 4

父系继嗣, Patrilineal descent, 9, 14, 15

格林, Greene, 40, 59

格洛兹, Glotz, 12

公正, Justice, 57, 61, 65

功能主义, Functionalism, 10, 11

共相, Universals, 8, 41

古典时代, Classical age, 18;

  古代, antiquity, 32;

  文明, civilizations, 3, 19;

  文学, literature, 6;

  艺术, art, 4

古典学, Classics, 4, 7, 11, 19, 22, 24, 26;

  与人类学, and anthropology, 6, 19, 22, 24, 26

古典学家, Classicists, 3, 4, 6, 9, 11, 12, 13, 16, 19, 22, 23

古利克, Gulick, 4

哈达斯,Hadas,54

哈里森,Harrison,5,11,20

荷马,Homer,28,31,49,51,57,62,64,65,66,68

荷马式的,Homeric,4,15,17,20,31

赫尔德,Herder,23

赫卡泰俄斯,Hecataeus,26,29

赫拉克勒斯,Heracles,55

赫拉克利特,Heracleitus,30,33,41,49,50,52,55

赫西俄德,Hesiod,20,28,31,33,36,54,59,65

亨肯,Hencken,14,15,21

虎藤,Hooton,4

环境,Environment,40,42,48

惠特曼,Whitman,20,57,61,63,64,65

毁灭,*Ate*,51,59

加德纳,Gardner,4

价值观,Values,45—49,62,65,67

价值重点,Value-emphases,44,45,66

阶段,Stages,9,11,12,33

杰文斯,Jevons,4

进化,Evolution,5,11,14,31—34,42

经济学,Economics,23,24,26

精神,*Psyche*,18

精神病学家,Psychiatrists,8

精神分析学家, Psychoanalysts, 11

卡彭特, Carpenter, 13

恺撒, Caesar, 4

康福德, Cornford, 4

考古学, Archaeology, 3, 4, 21

克鲁伯, Kroeber, 4, 13, 24, 25

克制, *Sophrosyne*, 45, 64—65

孔德, Comte, 23, 24

孔多赛, Condorcet, 23

孔子, Confucius, 46

库朗热, Fustel de Coulanges, 10, 11, 12

拉德克里夫-布朗, Radcliffe-Brown, 13

拉铁摩尔, Lattimore, 20

朗, Lang, 7, 11

劳埃德-琼斯, Lloyd-Jones, 20

老普林尼, Pliny the Elder, 27

里奇韦, Ridgeway, 6, 11

理论, Theory, 35—38

理性, Reason, 18, 41, 61, 65

理性的, Rational, 18, 20, 32, 38

历史, History, 4, 6, 10, 12, 23, 26, 27, 37, 54

利特尔, Little, 4

利文斯通,Livingstone,61

列维-施特劳斯,Lévi-Strauss,15,24

卢克莱修,Lucretius,27,33

罗宾逊,Robinson,C. A.,Jr.,34,38,56,64,67

罗宾逊,Robinson,D. M.,4

罗德,Rohde,5,11

罗斯,Rose,12,13

罗维,Lowie,13

马克思,Marx,24

马雷特,Marett,7,12,13,22

马林诺夫斯基,Malinowski,13,14,17

迈尔斯,Myres,7,11,26,27

迈耶,Meyer,27

麦克伦南,McLennan,10

梅南德,Menander,62

梅因,Maine,10

美德,*Arete*,39,61,62,64,68

美德,Virtue,55,56,64,65,67

蒙田,Montaigne,23,26

孟德斯鸠,Montesquieu,23

梦想,Dreams,17,18,41

描述法,Descriptive approach,37;又见人类学,Anthropology,希腊,Greek

民俗学, Folklore, 5, 7, 9, 11, 12

民族学, Ethnology, 3, 15, 26

民族志, Ethnography, 16, 17, 28

命运, *Moira*, 45, 59

摩尔根, Morgan, 9, 10, 13, 14

母权, Mother-right, 9

母系继嗣, Matrilineal descent, 9, 13, 14

穆勒, Muller, 6, 7, 13

穆瑞, Murray, 11, 12, 18, 20

欧里庇得斯, Euripides, 17, 36, 62, 64, 67

帕默, Palmer, 21

皮克·德拉·米兰德拉, Pico della Mirandola, 23, 26

品达, Pindar, 30, 36, 54

普芬道夫, Pufendorf, 23, 42

普鲁塔克, Plutarch, 42, 66

普罗泰格拉, Protagoras, 38, 39, 50

起源, Origins, 5, 7, 11, 14, 18, 30

乔伊斯, Joyce, 8

亲属制度, Kinship, 10

琼斯, Jones, 11

人,Man,26,32,33,37—43,53—55,59,63,68;

  与文化,and culture,27,40,42;

  与自然,and nature,32,37—43

人格,Personality,39,63;

  与文化,and culture,又见文化,Culture

人类学家,Anthropologists,5,7,9,10,12,14,16,17,22,23,24,26,27,

 30,39,40,42,44,51,67

人类学理论,Anthropological theory,8,10,14,28

人类学与考古学,Anthropology and archaeology,21;

  当代的(人类学),contemporary,3,8,10,16,23,26,27,33,35,

 39,40;

  社会的(人类学),social,3,10,13,15;

  体质的(人类学),physical,3;

  文化的(人类学),cultural,23;

  希腊的(人类学),Greek,26—42;

  新式与旧式(人类学),old and new,11,14,16;

  与古典学,and the classics,6,19,22,24,26;

  与人文科学,and the humanities,23—24;

  与社会科学,and the social sciences,23—24;

  与心理学,and psychology,21

人文科学,Humanities,22,23,24,25

人文主义,Humanism,54,68

人文主义方法,Humanistic approach,7,19,21,25,26,55

人文主义者,Humanists,23,24,26

人性, Human nature, 30, 37, 39, 40, 42, 48, 56; 又见人的天性, Nature, of man

萨福, Sappho, 58, 66

萨满教, Shamanism, 5, 18, 19

赛克斯, Sikes, 11

桑顿斯, Thorntons, 65

色诺芬, Xenophon, 30, 55

色诺芬尼, Xenophanes, 35, 55

社会结构, Social structure, 9—10, 17, 21, 44

社会科学, Social science, 23, 24

社会人类学, Social anthropology, 又见人类学, Anthropology

社会学, Sociology, 23, 26

社会学方法, Sociological approach, 12

社会学家, Sociologists, 8, 23

社会组织, Social organization, 9—11, 13, 21; 又见社会结构, Social structure

神话, Myth, 7, 14, 15, 16, 17

神话学, Mythology, 6, 9, 12

生物学, Biology, 24, 34, 48

苏格拉底, Socrates, 38, 39, 54, 58, 62, 63

梭伦, Solon, 55

索福克勒斯, Sophocles, 20, 51—52, 56, 57, 64, 65, 66, 68

塔克斯,Tax,24

泰勒,Tylor,5,6,7,12,22

汤姆森,Thomson,13

忒奥格尼斯,Theognis,55,64,66

体质人类学,Physical anthropology,3

体质人类学家,Physical anthropologists,14,21

天性(自然),Nature,33,36,39,40,41,42,45,46,48,56,61;

 人的(天性),of man,39,40,58;

 与文化,and culture,39

图腾制度,Totemism,6,7,13,14

韦伯,Weber,19

维柯,Vico,38

维特根斯坦,Wittgenstein,50

文化,Culture,7,11,14,15,17,19,22,26,27,33,35,36,37,38,39,40,

 42,44,47,48;

(文化)传播,transmission,33

(文化)观念,concept of,36,42;

 希腊(文化),Greek,4,5,6,7,10,15,22,26,36,43—53,57,59,

 63,66,67;

(文化)理论,theory of,35ff;

(文化)模式,patterns,11,14;

(文化)与环境,and environment,35;

(文化)与人格,and personality,35

文化多样性, Cultural diversity, 29；(文化)相对论, relativity, 35, 40

乌西诺, Usener, 5, 11

巫术, Magic, 7, 12

物理学, Physics, 4

西摩, Seymour, 4

希波克拉底，希波克拉底派, Hippocrates, Hippocratean, 30, 32, 35—36, 37, 41

希腊文化, Greek, culture, 参见文化, Culture, 希腊, Greek；

 (希腊)文学, literature, 4, 21；

 (希腊)哲学, philosophy, 4；

 (希腊)宗教, religion, 5, 53

希腊文化研究者, Hellenists, 4, 7, 9, 14, 16, 20, 21, 22, 25

希罗多德, Herodotus, 4, 5, 9, 27, 29, 30, 33, 34, 35, 55, 56, 59, 67

习惯, Habits, 5, 6, 37, 41

习俗, Manners, 4, 27；又见风俗, Customs

肖里, Shorey, 20

心理学, Psychology, 8, 14, 17, 21, 24, 25, 26, 30

心理学方法, Psychological approach, 45, 60

心理学家, Psychologists, 8, 44, 47

幸福, Happiness, 55—57

修昔底德, Thucydides, 4, 34, 35, 55, 64, 66, 68

雅尔德, Jarde, 4

亚当斯,Adams,20,69

亚里士多德,Aristotle,30,31,32,33,34,38,40,41,49,50,55,58,60,61,65,66

演化法,Evolutionary approach,7,9,12,32

杨恩,Young,43

耶格尔,Jaeger,37

野蛮人,Barbarians,27,34,35

伊壁鸠鲁,Epicurus,33

伊俄卡斯忒,Jocasta,50

伊索克拉底,Isocrates,36

伊文思,Evans,4

遗传与环境,Heredity and environment,40

遗存,Survivals,10,11,12,34

音位,Phonemes,47—49

语文学,Philology,21,24,25

语言,Language,languages,7,16,22,25,29,30,33,40,42,44,45,48,49,53

语言学,Linguistics,3,25;

  曾用的方法,methods used,16,43—44,47—66;又见二元对立,Binary oppositions;

  文化方面,aspects of cultures,43

原始,Primitive,7,10,12,17,20,21,22,24,33

哲学,Philosophy,4,23,27,37

政治科学, Political science, 23, 24

制度, Institutions, 10, 36

智者学派, Sophists, 18, 38, 39, 62

种族, Race, 31, 34—35

自然, *Physis*, 33, 36, 38—40

自然科学, Natural science, 23, 24, 25

自然选择, Natural selection, 32, 42

宗教, Religion, 5, 7, 8, 9, 10, 11, 12, 30, 53, 55, 63, 66

族内婚, Endogamy, 10

族外婚, Exogamy, 7, 10